内定プラス

# 小論文&作文 '26

喜治賢次 著

# はじめに

「文章を書くのが苦手だ」「文章力がない」と悩んでいる人は多いと思います。本書はそういう人たちに向けての即効薬です。ぜひ本書で手がかりをつかみ、就職試験で内定を勝ち取ってください。

まず、次のことを納得してください。

就職試験で採用する側が見ているのは、あなたの文章力それ自体ではありません。就職試験ですから、採用する側が見たい、知りたいのは、「あなたがどういう人か」という点です。ですから、文章力にこだわる必要はありません。自己PR文はもちろん、志望動機でも、課題式小論文でも、その中から採用側が知りたいのはあなた自身のことなのです。

「でも文章力がなければ、自分のことを相手に伝えられません」という人がいます。しかし、日頃、ネイティブスピーカーとして日本語を自由に操っているのですから、それほど心配する必要はありません。ちょっとしたコツですぐに書けるようになります。

問題は書く中身です。そして一番重要なポイントは就職試験であることを踏まえた文章を書かなければ意味がないということです。これについて、詳しくは本文でお話しします。

本書ではたくさんの文例を載せました。これらの文例は、実際に学生諸君が就職試験の際に書いた文章です。参考にしてください。読者の皆さんがちょっとしたきっかけをつかみ、文章を書くのが楽しくなって、内定を勝ち取ってくれることを期待しています。

最後に文例を提供してくれた多くの学生の皆さん、株式会社エディポックの山口誠氏にこの場を借りて感謝を申し上げます。

CONTENTS

## 第3章 論文試験突破のための合格必勝テクニック

## 第4章

# 業界別・テーマ別　小論文・作文　文例

### 自己紹介／自己PR



### 志望動機

**抽象**



**時事**



**三題噺**



**特別付録**

**重要時事トピック**


本文デザイン ● 永瀬優子（ごぼうデザイン事務所）
編集協力・DTP ● エディポック
イラスト ● あべさん


※特別付録 重要時事トピックは2023年11月時点の情報です。

# 第1章

# 論文試験突破のための『7大奥義』

# 採用側が論文試験で知りたいことはこれ

**採用側は、エントリーシートや論文を通じて、あなたのどこを見ようとしているのでしょうか。**

## 採用担当者は何を見ているのか

企業や役所の採用担当者は、エントリーシートや論文、面接などのあらゆる機会を使って「あなた」にチェックを入れているはずです。

今の日本の企業や役所では、一度正規採用すれば簡単に辞めさせることはできません。企業の場合、社員1人にかかる会社の負担は、その人の年収額の2～3倍と言われていますから、1人雇うごとにおよそ1千万円近くの負担がかかることになります。

ですから、採用する側も必死です。少しでもいい人物を採用したいと、あらゆる角度からチェックをしているのです。何か1つ、2つの要素を見ているわけではないのです。

いくつか例を挙げてみましょう。

**・エントリーシートや論文を書いた文字が汚かったり、修正液だらけだったら、いい加減な性格だと思われるでしょう。**

**・800字と指定されている論文に、1000字も書いて送ったら、ルールを守れない人だと思われるでしょう。**

**・論文の内容が「問い」に対する答えになっていないようでは、大学生として知っておくべきことを知らないのか、社会に対して関心がないのかと思われるでしょう。**

**・逆に、丁寧に書かれた文字や文章は好感を持ってもらえると思います。何事も一生懸命に取り組む人だと思ってもらえるでしょう。**

このように、**採用担当者が見ているのは「あなたがどういう人物か」ということ**なのです。

## 採用側が見ていそうで見ていないこと

それよりも、ここで知っておいてもらいたいことがあります。

よく学生から相談を受ける次の2点についてです。

**①独創的なアイデアがなかなか思いつかない。**

**②文章をうまく書けない。**

こんな悩みを抱えている学生はけっこういるのですが、**そもそもこれらは悩む必要がない**ことです。

それぞれの点について少し考えてみましょう。

### ①独創的なアイデアは要求されていない

独創的なアイデアを提供できる学生などそういるものではありません。そんなことを求めていては、新人の採用などできません。

さらに言えば、独創的なアイデアは、独創的であるがゆえに世間には受け入れられないことも多いのです。独創的アイデアで多くの魅力的商品を次々と世に送り出したスティーブ・ジョブズ（アップル社創業者、元・最高責任者）は、その独創性のために一時は会社を追われることになったりもしています。皆さんの就職活動の中で、世界をあっと言わせるような独創性など求められてはいませんから、どうぞ安心してください。

### ②鋭い文章力は要求されていない

就職試験の小論文は、小説家やルポライターを探すための懸賞論文ではありませんから、文章力が優れているかどうか、芸術的な文章表現力があるかどうかなどが試されているわけではありません。人とのコミュニケーションができる程度の文章力があれば十分です。

奥義1

# 合格する小論文のイメージを正しくつかむ

**合格する小論文を書くために、間違ったポイントの押さえ方をしていないか確認しましょう。**

## 意外と多い勘違い

受かる小論文のイメージを間違ってつかむと、その対策もあらぬ方向にいってしまいかねません。

そこで、受かる小論文とはどういうものかのイメージをつかんでおきましょう。

前述したように、独創的なアイデア、優れた文章力が要求されているわけではありません。

では就職試験では、どういう小論文が求められているのでしょうか。就職活動をしている皆さんが一番知りたいのはここですね。

しかし、そもそもこの問い自体が間違っています。

小論文は、大学卒業時に書く卒論とは違い、少子化問題や地球温暖化問題の現状分析やそれを踏まえた対策を論じたり、シェークスピアについて新たな視点を提供したりするものではありません。

「少子化問題」や「地球温暖化」などさまざまなお題は与えられるので

すが、就職試験における小論文は、それらの問題を解決するために書いているわけではないのです。

ここはとても重要なところなので、しっかり理解しておきましょう。

## 求められる人物像とは

小論文を書かせてみることで、応募してきたたくさんの学生の中からどの学生を採用するかを判断しようとしているのですから、気の利いた人物か、一生懸命働きそうな人物か、会社・役所という組織の中で協調性を持って働けそうか、組織に利益をもたらしてくれそうかを見ているのです。

逆に、受験している皆さんの側から言えば、小論文を通じて自分はこのような人物であると、アピールをしなければならないということです。

合格して、内定をもらうために書いているのですから当然です。

企業や役所は、その「お題」を通じて、あなたがどういう人物であるかを探ろうとしているわけですから、合格・内定をもらうためには、あなたが書いた小論文を読んだ採用担当者に「この学生いいね」と思ってもらわなければならないのです。

## 目立つ小論文を書くには

では、採用担当者に「いいね」と思わせるためには、いったいどのような小論文を書けばいいのか、考えてみましょう。

たくさんの応募者の小論文を次々と読んでいく中で、「いいね」と思ってもらうためには、とにかく目立つことが重要です。

では、目立つためにはどうすればよいでしょうか。

「ほら、結局、独創的アイデアとか人とは違う変わった経験でもないと目立たないじゃないか」という声が聞こえてきそうです。

しかしそれは違います。

そのテクニックは次項で詳しく述べていきましょう。

### 合格の極意

**求められている人物像**

採用側は小論文を見て、あなたがどのような人物かを探ろうとしています。

❶気が利くか。
❷一生懸命に働くことができるか。
❸協調性があるか。
❹組織に利益をもたらすことができるか。

奥義2

# 目立つ小論文・作文とは

「目立つ」小論文・作文を書くためにはどのようにしたらよいのか、ポイントを押さえておきましょう。

## 目立つことはそれほど難しくない

私はこの十数年間にわたって、就職活動中の大学生の小論文・作文、エントリーシートなどを相当数見てきました。

その多くの答案の中で、「目立つ」とか「いいね」と感じさせる小論文とは、どのような要素を持っているかを述べていきましょう。

「目立つ」というと、何か特別なことをしなくてはいけないのか、と思われるかもしれませんね。しかし、安心してください。実際は、それほど難しいことではありません。

**①丁寧な文字・文章で書かれていること**
**②きちんと筋が通ったストーリーになっていること**
**③そこに自己アピールの要素が入っていること**

この3つの要素がそろってさえいれば、それでもう十分に目立つ答案になります。

少なくとも、小論文で落とされることはないと思います。必ず面接までは進めます。

## 丁寧な文字・文章であること

たくさんの応募者の小論文を読まされる採用担当者にとって、「読みやすい答案」はとても印象がよいのは当然のことです。

逆に、字が汚くて読み取るだけで精いっぱいというような小論文、一文一文が長く、文と文とのつながりも悪く、スーッと読めない小論文は、内容がどんなに素晴らしくても、採用担当者に書いている内容が伝わらないのですから、よい評価は得られません。

こんなことは、わざわざ本書を読まなくてもわかっていることですよね。しかし、ここまでわかっていても次に取る行動で違いが出てきます。

**パターン1**

**「自分は昔から字が汚い」と愚痴ばかりこぼして、それらの弱点を補強しようとしない。**

**パターン2**

**何とかしなければまずいとペン習字の本を買ってきて練習を始める。**

当然パターン2の学生が多いかというと、実はそうでもありません。「どうせ仕事自体はパソコンだから字の上手・下手はそれほど関係がない」と、高をくくっている学生が意外に多いことにはびっくりします。

字が下手であると感じているのであれば、すぐに練習をすべきです。しかも、ペン習字のお手本のような素晴らしい文字が書けるようになれと言っているわけではありません。採点官が読みやすい、精いっぱい丁寧な文字を書けばいいのです。

## 筋が通ったストーリーになっていること

作文、小論文を書く目的は、相手に自分の考えをしっかりと伝えることです。そのためには、伝えたいテーマにとって適切で、相手を惹きつける「ストーリー」が重要となります。

奥義4（16ページ）の、「わかりやすい文章を書くための8つの鉄則」の解説を読み、ストーリーの作成方法、文章作法をしっかりと身に付けましょう。

## 自己アピールを入れること

就職試験で作成する作文、小論文の目的は、自身がどのような人間なのかを相手（採点官）に伝えることです。

第2章の「自己PRを上手に書き上げる方法」（34ページ）にある、自己PRの練習方法と、自己PRをするために重要となる「自己分析」手法を実践して、合格できる自己PR文の作成法を学んでください。

### 合格の極意

**目立つ文章を書くポイント**

読み手に好印象を与える文章であることが重要です。

❶ **文章が読みやすく、丁寧な文字で書かれている。**
❷ **筋が通ったストーリーで、わかりやすい。**
❸ **自己アピールの要素が入っている。**

奥義3

# 相手に伝わる文章をつくる

**自分の言いたいことを相手に正しく伝えるためには、まず、いかに伝えるかを意識しなくてはなりません。**

## ストレートに伝わるものでなければならない

作文であれ、小論文であれ、エントリーシートであれ、自分の言いたいことが相手に伝わらなければ意味がありません。しかし、この点をわかっていないような文章をよく目にするので、あらためて注意喚起をしておきます。

**自分の書いた文章で、自分の言いたいことがストレートに読み手に伝わることが一番重要**なのです。

「それはわかっていますが文章を書くのが苦手なのです」という声が聞こえてきそうです。まずは文章を書くときの注意点を押さえておきましょう。

## 「伝わる」文章をつくるのはたやすいことではない

いくつかの作法を知っておけば上手な文章を書けるようになれます。

皆さんは、日常生活の中で「日本語」を自由に使い、話したり、書いたりしています。当たり前ですが、「文章を書くのが苦手」ということと、「日本語が苦手」ということは違います。「英作文」をしろと言われているわけではないのです。ネイティブスピーカーとして自由に操っている日本語で作文しろと言われているだけなのに、なぜ「文章を書くのが苦手」と思うのかを少し考えてみましょう。

相手に向かって「話す」のであれば、声の大きさやトーンを変えたり、身ぶり・手ぶりを入れたり、相手の表情を見ながら言い直したり、言い換えたりしながら、自分の言いたいことを相手に伝えることができます。

しかし文章となると、そうはいきません。

このことをしっかりと意識することが重要です。それは、**文章で相**

手に伝えるのは難しいとわかって初めて「いかに伝えるか」ということに気を配れるようになるからです。つまり「相手に伝わる文章をつくるということを強く意識する」ことが重要なのです。

## 人生を左右する試験だと意識して書く

一つ例を出しましょう。

あなたが気になっている彼女や彼氏にメールを出すときを想像してみてください。あなたはどんな気持ちで文章をつくろうとしますか？

一度打ち込んだメールを読み返してみて、こんな書き方では曲解されて変なふうに受け取られては困るから、言い回しを変えようとか、文末にカッコ書きで、「（ちなみに～という意味ではありませんから（笑））」などと付け足してみようとか、何度も推敲して、いじらしい努力をしていませんか？

文章で自分の気持ちや考えをストレートに伝えることが難しいことを知っているからこそ、誰に言われるでもなく時間をかけてしっかりと考えているのです。

自分の人生を大きく左右する就職がかかった小論文・作文を書くときは、そのメール以上の慎重さで臨まなければならないことは当然です。

ところが、学生の文章を見ていると、思いつくままに書き殴っていて、何を言いたいのかがよくわからないということは結構多いのです。

もちろんそれではいけません。ここでは、**文章は相手にわかることを心がけるという意識を持つ**ことを強調しました。

奥義4

# わかりやすい文章を書くための8つの鉄則

文章を書くときに大切な８つの法則を知っておくと、よい文章が書きやすくなります。

## 鉄則1 全体のストーリーを先に決めておく

文章全体のストーリーを最初に決めてから書き出さないと、わかりやすい文章にはなりません。

文章を書くときは、与えられた分量に合わせて、どういうストーリーにするのかをしっかりと考えてから書き始めなければなりません。いい加減に行き当たりばったり思いついたことをただ書き連ねてもダメです。

そのためにもストーリーを決めることが最も重要なのです。

## 鉄則2 一文は長くても2～3行まで

1つの文章が長々と続くと、前後の関係もわからなくなり、結局何が言いたいのかも、わからなくなってしまいます。

一度内容を整理し直すなどして、文章を区切り、長くても一文が2～3行程度で終わるようにしましょう。

話すことと書くことは、全く別の作業なのです。この点をきちんと認

識してください。

## 鉄則3　1つの文には内容1つ

1つの文章の中にいくつもの内容が入ってしまうと、わかりづらい文になります。

次の文章を見てください。

> 私が仕事で実現したい夢は地図に載る仕事をしてみたいということですが、そのためにはまずは都市開発の会社に入り勉強をして資格も取って夢の実現のため、そして会社のために頑張ることで自分の仕事が地図を書き換えるような仕事を担当し、自分自身の夢の実現も達成したいと考えています。

この文章は、いろいろな思いを伝えたいあまり、思いつくままに話し言葉をそのまま文字にしてしまっているという印象です。

意味が取れないわけではありませんが、一文（ワン・センテンス）の中に入れるのは、1つの内容だけにして、一文一文を細かく切り、接続詞でつないでいく方が相手にはわかりやすくなります。

次のように修正をしたらどうでしょうか。

> 私が仕事で実現したい夢は、自分が直接担当した仕事で、地図を書き換えるということです。そのために貴社の都市開発プロジェクトのチームの一員として働きたいのです。都市開発の勉強をしっかりとして、資格も取ります。そして、いずれは会社の中で地図を書き換えるような仕事を担当させていただき、自分自身の夢を実現させたいと考えています。

あなたの書いた文章が、相手にとってわかりやすくなるようにきちんと考えられているのか、言ってみれば文章を通じてのコミュニケーション力が問われているのです。

## 鉄則4　改行はこまめにする

内容ごとに改行をした方がよいでしょう。文字数の制限が許す限り、こまめに改行をした方が読みやすくなります。見た目にもギュッと詰まっているよりも、ある程度、改行があった方が読みやすくなります。

現代国語の段落分けの問題をやっているわけではありませんから、考え込む必要はありません。話の一区切りごとに、どんどん改行してみましょう。

## 鉄則5 専門用語、業界用語は使わない

就職活動中の学生のエントリーシートなどを見ていてよくあるのが次のような記述です。

　学生時代はカフェでバイトをしていました。最初はフロアだったのですが、途中からはキッチンも任されるようになりました。

　おおよその内容はわかりますが、「フロア」「キッチン」と書いてあっても、アルバイト先で、あなたがどういうことを担当し、どういう仕事ができるようになっていったのかは、この文章からはわかりません。

　思い出してください。何のために文章を書いているのでしょうか。あなた自身をアピールするために文章を書いているはずです。そうであれば、もっともっと自分をアピールしなければもったいないです。

　次のような文章にしてみたらどうでしょう。

　大学2年から3年にかけての1年間、駅前の喫茶店（カフェ）でアルバイトを経験しました。接客業の現場を体験したいと思ったからです。

　最初は、カウンターでお客様の注文を聞き、品物を提供する役割を担当しました。店長から、いつも笑顔で対応をすることが求められ、今まで自分の日常にはなかった「意識して笑顔で人と接する」ことの難しさを実感しました。同時に、それができるようになると、お客様の反応が変わったことがハッキリとわかり、笑顔が持つ力を感じました。数か月後には、厨房で料理を用意する調理の仕事も担当させていただき、店全体の動きを理解することができました。

　店長不在時には店長代理として、店全体を任されるまでになりました。

　文章の量が違いますから、一概に比較はできないかもしれません。しかし、アピール度の違いはわかってもらえると思います。

## 鉄則6 「○○化」という用語は使わない

次の文章を見てどう思いますか。

グローバル化した現代社会においては、それに合わせた戦略が要求される。今後は、人、モノ、カネが一国の枠を超えてグローバルに動くことになる。それを前提とし、経営戦略を見直す必要が出てくると思う。

一見するとそれなりの文章なのですが、内容は何もないと言われても仕方のない文章です。

もう一つ、同様の例を見てください。

少子高齢化した現代社会では、これまでと同じような考え方では社会は成り立たなくなってきている。少子高齢化に合わせ、政策のあり方自体を問い直さなければならない。

これも同じです。それなりのことを書いているようですが、この部分は評価の対象にはならないでしょう。なぜでしょうか。それはいずれも「グローバル化」「少子高齢化」ということがどういうことなのか、あなたがどうとらえているのかをきちんと説明していないからです。

それらのどこがどう問題で、だからどうしなければならないのかを聞かれているのに、「グローバル化が問題だから、それに対処していかなければならない」では、全く答えになっていないことがわかるでしょう。

「○○化」という用語を使うと何か難しいことを書けた気持ちになってしまうのですが、決してそうではありません。

その内容、中身を自分なりにどうとらえ、身近な問題としてどう感じているのかを説明しなければ、何も言え

ていないのと同じです。
ついつい使いがちなフレーズですから、注意が必要です。

## 鉄則7 マスコミ論調にしないこと

私たちは、毎日のようにテレビや新聞のニュースに慣れ親しんでいます。また、新聞の社説やコラムなどは、小論文の見本として挙げられることもあるので、ついついまねをしてしまいがちです。

たしかに、新聞の社説やコラムなどは、論の運び方など参考になることも多いとは思います。しかし、最終的な主張部分などは、まねをしてはいけません。

このことは特に、公務員試験の論文試験対策のために本書を読んでいる皆さんには、ぜひとも強調したいと思います。

ではなぜマスコミ論調にしない方がよいのでしょうか。

それは、新聞やテレビのニュースは、数々の問題点を指摘しては、「これはひどい。大変だ、大変だ」という話を展開していき、最後の最後は、「首相の手腕が問われるところである」とか、「行政の対応が待たれるところだ」というような結びで締めくくることが多いからです。

マスコミは、問題点を発見し、問題を提起するのが役割とも言えるので、これでいいわけですが、企業や役所の場合は違います。

とりわけ公務員である役所の職員たちには、そういった指摘を受けて、それに対してどうするのか、どんな政策を立てるのかを考え、実行することが求められているのです。

その公務員になろうとする試験で「行政としてどういう対応が考えられますか」と問われているにもかかわらず、「行政が対応しなければならない」というのでは、何も答えていないと同じです。

この点は注意してください。

## 鉄則8 話し言葉とは区別せよ

就職試験として論文を書く以上、言葉遣いは丁寧でなければなりません。

小論文であれば「だ・である調」、企業面接のエントリーシートであれば「です・ます調」が一般的です。

何かしらの意図があって、それを崩すのであればそれはそれで結構ですが、そうでないのであれば右のように区別しておいた方がいいでしょう。

### 合格の極意

#### 8つの鉄則

**❶ストーリーなくして文章は成らず。**
まずは全体のストーリーを決めよう。

**❷話すことと書くことは全く別の作業。**
話し言葉のまま書き綴ってしまうと、何が言いたいのかわからない長々とした文章になってしまいがちなので注意が必要。一文は長くても2〜3行に。

**❸「一文一内容」で。**
一文の中にいくつもの内容を入れると、わかりづらい文章になってしまう。

**❹内容ごとに細かく改行。**
話の内容ごとに改行した方が、読みやすくなる。

**❺専門用語や業界用語はNG。**
自分がどんなことをやっていたのかがきちんと伝わるような言葉を使わなくては、ＰＲにならない。

**❻「○○化」は使わない。**
「○○化」という用語を書き連ねても、その内容についての自分の考えが説明されていなければ意味がない。

**❼マスコミ論調にしない。**
マスコミは問題を発見・提起をするのが仕事だが、企業や役所はその指摘を受けてどう対処するかが仕事。役割が違う。

**❽話し言葉と区別する。**
小論文→「だ・である調」
エントリーシート→「です・ます調」
を基本として、丁寧な言葉遣いを心がけよう。

奥義5

# 小論文・作文を書くための『情報収集術』

**社会時事に対処するための、上手な情報収集術とはどのようなものか、考えてみましょう。**

## あまり重く考えすぎなくてよい

どのような企業でもどのような役所でも、人のため、社会のためにいろいろな仕事をしています。

皆さんもそのような仕事に就こうとしているのですから、今、社会では何が話題になっているかに関心を持たなければならないことは当然です。

今のトレンドをとらえていなければ、ビジネスチャンスを逃してしまうでしょう。役所も同じです。

ただ、就職試験で問われるのは、社会に関心を持っているかであって、それぞれの領域について専門的な知識を持つことを要求されているわけではありません。この勘所を間違えると、社会時事への対処が大変苦痛なものになり、ただ時事対策本をラインマーカー片手に一生懸命覚えるだけ、という無味乾燥な勉強になってしまいます。

そこで本書では、日々の取り組み方、勘所をアドバイスしておきます。

### ポイント1 新聞はどれでもよい

『就職活動には○○新聞！』などという広告をよく見かけますが、それはその新聞社の販売戦略にすぎません。どの新聞でもいいのです。読売・朝日・日経・毎日・産経など、手近な全国紙があれば、それを読んでみてください。

### ポイント2 新聞を隅から隅まで読む必要はない

新聞を読むという作業は、慣れないうちは面白くないのが普通です。とりあえず、初めから4ページ分（見開き2枚分）と裏から4ページ分を開き、一番大きい活字の見出しだけでも読みます。気になる見出しがあれば、リード文、本文を読めばよいでしょう。大見出しだけなら、10分もかからずに読むことができるはずです。

## ポイント3 社説は読まなくてもよい

高校入試や大学入試の現代国語などの対策として、社説や各紙の代表的コラムを読めと言われたりするのでついついこだわりがちですが、新聞社の見解や主張を知っておく必要はないので、読む必要はありません。

ただ、社説で取り上げているテーマはその時々の一番ホットな話題ですから、今どのような事柄が話題になっているのかということくらいを簡単に見ておけば十分です。

## ポイント4 切り抜きはしない

切り抜きをしていると整理が大変ですし、キリがありません。むしろその場で読んで、とにかく一度頭に入れることが重要です。

「1日3テーマ、1テーマ1行」のメモを取る程度にとどめておかないと長続きしません。

## ポイント5 すぐに時事用語の参考書などを買わない

よくこういう質問があります。

「政治面、経済面など専門用語が多くて全然ついていけないので、まずは基礎知識を得るために何かよい本はありませんか?」

そういう本を読むより新聞をどんどん読んでください。新聞にも用語解説が出ていたりします。どうしてもわからない用語だけ、そのときにインターネットで調べればよいでしょう。

## ポイント6 どんどん先に進む

うっかりすると2、3日分新聞がたまってしまうということはよくあります。数日前から順に読もうとすると大変ですから、前には戻らず、その日の朝刊から読めば大丈夫です。

## ポイント7 新聞にこだわる必要はない

ここまで新聞について書いてきたのですが、何も新聞にこだわる必要はありません。

インターネット上で無料で見ることができるニュースでも十分です。

もちろん、テレビやラジオのニュースでも何でもかまいません。どれでも自分の時間に合うものを見るようにすればいいのです。

奥義6

# ストーリーのつくり方～意識編～

**きちんとしたストーリーのある文章にするために必要なのは、「考える」という作業です。**

## 「考える」ということ

文章で一番重要なことは、きちんと筋の通ったストーリーになっていることです。

小論文・作文だけでなく、エントリーシートに書く自己PR文、学生時代の経験も、ストーリーをきちんと考えた上で書かないといい文章にはなりません。

どのようなストーリーにするか、少し言葉を変えれば、どのような流れの文章にするかを考えた上で書き始めなければ、ただ思いつきが羅列されただけの、何のまとまりもない文章、何を言いたいのか全くわからない文章になってしまいます。

きちんと筋の通ったいい文章にするために、ここは必死に考えなければなりません。

**この「考える」ということを、特に強調しておきます。「勉強する」「調べる」「覚える」ではなく、「考える」のです。**

文章を書くのが苦手という学生は、すぐに「知識が足りない」「もう少し調べておけばよかった」などと言い訳をすることが多いのです。

そういう学生は、たいてい次にこんなことを聞いてきます。

「どういう本を読んだらいいのでしょうか?」「何かいい参考書はないですか?」と聞いてくるのはまだいい方です。中には、もっと直接的に、「模範答案をいくつくらい覚えておけばいいでしょうか?」などと言い出す学生さえいます。

「学生時代に、これといったことを経験していないから、何も書くことがないんです。どうすればいいでしょう?」とか、果ては、「志望動機がよくわからない。何て書けばいいのでしょうか?」などと、真顔で聞きに来ます。

ずいぶんと批判的な書き方をし

ましたが、学生諸君がこのような質問をしたくなる気持ちはよくわかります。

　それまで、小学校・中学校・高校・大学と「正解を覚える」ための勉強を、十数年間にわたってずっとやってきたわけですから、就職試験でも「正解」というものがあって、それを今までどおり覚えようとしたとしても、おかしいことではありません。

　しかし、**就職試験に課せられる小論文・作文、エントリーシートに書かなければならないのは、「あなた自身の考えや、あなた自身のこと」なのです。教科書や参考書などを調べれば、どこかに載っているようなものではありません。**

　自分自身で、自分の頭で考えなければならないということを、まずはしっかりと頭に入れてください。

## 考えるには時間がかかる

　自分の頭で考えねばならない、と述べましたが、同時に**「考える」という作業は、相当な時間がかかるも**のだということを知っておいてください。

　大学までは「教えられたことを覚える」「調べたことをまとめる」という作業が多く、「考える」ということが少なかったかもしれません。

　前述のように、書く内容は自分自身のことです。

　出された「お題」にしたがって、自分自身のこれまでの体験を思い出し、その中から、どれを取り上げるか、どんな自分の考え方を述べたいのかを決め、さらにそれを深く掘り下げていけばいいのです。

奥義7

# ストーリーのつくり方〜実践編〜

ストーリーを決めるためには、どのような過程を追って「考えて」いけばいいのか、考えてみましょう。

## ストーリーを考える

文章を書き出す前に、与えられた「お題」にしたがって、どのようなストーリーを書くかをよく考えた上で書き始めないと、まとまりのある読みやすい文章は書けません。

ストーリーを考えるとは、どういうことか、どんなことを考えながら進めていけばよいのか。ここでは企業や公務員試験のエントリーシートなどで頻出の次の「お題」で考えてみましょう。

（お題）
学生時代に最も力を入れて取り組んだこと、そこから得られたもの

### 作業① 何を取り上げるかを決める

何をどう取り上げるかを決めるために、まずはどんなことがあったかをノートにアトランダムに書き出してみるとよいでしょう。

思い出せることを、どんどんノートに書き出していきます。この時点

では、まだストーリーを考えるというよりは、とにかく何でも書き出すことが重要です。

ひとしきり書き出したら、ノートを見ながらどういう話の展開にするかを考えます。もちろん自分のアピールになっていなければ意味がありません。

## 合格の極意

### 書き出しのフローイメージ

サークル活動、ゼミ、アルバイト、高校の部活の指導……の中から何を取り上げよう？

↓

ゼミの活動の一環として学園祭に参加したことを話題にするとして、どういうストーリーにしようか？

↓

模擬裁判の準備でどんなことがあったかを書き出してみよう。

- そもそも模擬裁判をするかしないかの議論
- 台本書きのため、夏休みはほとんど毎日大学の図書館で議論した
- 30人のゼミで、全員が何かしらのセリフで出演するように考えるのに苦労した
- 30人そろって演技の練習はなかなかそろわないし、不真面目なメンバーもいて大変だった
- 昨年よりも大がかりにやりたかったので、大教室を押さえた
- 裁判所に法服と証言台を借りに行った
- 当日のパンフレットに掲載する広告収入を得るため営業活動もした

↓

ゼミではもちろん、大学としてもそれまで行ったことのないような大規模イベントで、200名からの観客を動員し、大成功を収めたことはアピールしたい。

↓

そのリーダーであったこともアピールしておきたいけれど、中核となった6～7人のメンバーの役割分担によって成功した点も入れたい。

↓

なぜあれだけの時間を使って没頭したんだろう？
そもそも何のために、何を目的として行ったのか？

## 作業② ストーリーのテーマを決める

いろいろと考えていると、前ページのフローの最後のように横道にそれて混乱してくることもあります。それを我慢して、「**何かいいストーリー展開ができないか**」を考えます。

下のフローでは、ゼミで学園祭に参加したことを題材として取り上げることを決め、その活動のどこをどういうふうに切り取ってアピールするかを検討する様子を書いてみました。

ここでは、「仲間の大切さを学んだ」ということをテーマに据えることにしましたが、必ずしもそれがいいというわけではありません。少し目の付け所を変えてみると、違ったテーマも見えてきます。

とにかく、自分の経験の中から必死に悩んで悩んで考えて、テーマを決め、ストーリーを決めるのです。

### 合格の極意

#### いいストーリー展開を考える

広告収入を得るため、みんなで商店街に行き、当日のパンフレットに広告を載せてくれるようお願いして回ったな

↓

普段何気なく接していた商店街の皆さんがとても親切で、喜んで協力してくださったことがうれしかった。地域の皆さんの温かさを実感したな

↓

いつもと少し違った形で地域の皆さんと触れ合うことにより、地域との関わり、地域の力の重要性をあらためて実感したというストーリーにしてもいいな

ゼミのみんなで学園祭の模擬裁判をつくり上げることができたことが一番よかったのではないかな

↓

ゼミ員でいろいろもめ事もあったけど最終的には力を合わせることができた。リーダーとして至らぬこともあったけど、仲間がサポートしてくれた……みたいな話にしようかな

↓

最後のオチとしては、仲間はとても大切であるとか、一人の力ではできないことも仲間で乗り切れることがわかったみたいな感じかな

## ストーリーには型がある

ストーリーの型を知っておくと、考えやすくなります。

●エントリーシート系

経験から学んだこと。こんなことができなかったが、経験を通じてできるようになったという話を書いた上で、次のように結びます。

**・やればできると自分自身に自信がついた。**

**・まだまだ自分には知らないことが多いので、先輩から多くを吸収すべきと思った。**

●公務員試験の行政課題系

いろいろな立場・利益の対立があったことを示し、それらをどう調整するかというストーリーをつくる。

### 合格の極意

#### 公務員試験の行政課題系 ストーリーのつくり方 ～喜治先生の場合～

役所の公募「放置自転車対策を考えるための市民の委員」に応募しようと志望動機（800文字）を作成したときの話です。

当時の私の最寄り駅には駐輪場がなく、線路伝いにびっしりと自転車が止められ、自転車のカゴはゴミ箱と化している状態でした。

自分が住む町はきれいであってほしいし、駅周辺の違法駐輪の現状もよろしくないと思っていたので、志望動機は、「自分が住む町をきれいにしたい」といった内容を考えていました。しかし、もう１つスパイスの効いた話はないかと考えていました。

私は当時、公務員試験のための塾を開業したばかりでした。しかし、小学生向けの塾に通う子どもたちが停める自転車で、私の塾の看板は通りからは全く見えない状態でした。

クレームをつけようと思っていた矢先、入塾希望者の大学生から「どこに自転車を置けばいいですか？」と聞かれました。私は一瞬言葉に詰まってしまいました。なぜなら、そのビルには駐輪場所がなく、ビルのオーナーからはビル周りに駐輪させないように、きつく言われていたからです。

この実体験から生まれたのが、下の志望動機【公務員試験の行政課題系 いろいろな利益の対立を示し、それをどう調整するかというストーリー】です。

**私は、一住民として、見た目も見苦しく、通行の邪魔になる違法駐輪には反対です。しかしながら、一事業者としては、少しくらいなら……という気持ちがあると同時に、違法駐輪により他社に自分の事業活動を邪魔されたくないという気持ちもあります（いろいろな利益の対立）。このように、いろいろな立場を持つところを生かして、私が一番よい方法を模索したいと思います（どう調整するか）。**

## 合格の極意

### ストーリーを考える　総まとめ

ここまで実際にシミュレーションをしてみましたが、そのやり方、手順を整理しておきましょう。

#### 手順1 書き出す

まず、思いついたことを「書き出す」という作業から始めます。とにかく思いつく限り、どんどん書き出します。

●ポイント

ノートに書き出すこと

頭の中で思い浮かべるだけではすぐに忘れてしまう危険があります。メモを取っておくことが重要です。

●ポイント

思いつくままにすべてを書き出す

書き出す時点で取捨選択をしてはいけません。

使えるかどうかの判断をせずにどんどん書き出すことが重要です。

#### 手順2 ストーリー、テーマを考える

書き出したメモを見ながらストーリー、テーマを考えます。どの角度から切り取るかによってストーリーも違ってきます。

●ポイント

焦らず悩む。我慢して悩む

苦手だという人はここで我慢しきれない人です。簡単によいストーリーができるわけではありませんから、時間の許す限り考えてください。

エントリーシートのように自宅で書けるものであれば、何日も悩んでいろいろなパターンを考えてみてください。

公務員試験の論文試験、企業での就職試験のような場合も、時間の許す限りギリギリまで悩み続けてください。

●ポイント

孤独な作業に耐えられるかが、試されている

ここで我慢しきれずに、書店やインターネットで見本になるものを探し始めたり、友人や先輩のものを見せてもらったりしてはいけません。

**何度も言いますが、あなたの人生を左右する就職試験です。簡単にあきらめてはいけません。特にエントリーシートで要求される「自己PR」や「学生時代の経験で何を学んだか」「仕事を通じて実現したいことは何か」「あなたの夢」などのお題は、相当時間悩まないといいものはできません。たとえどんなにいい就活本でも、「あなた」の経験や考えは書いていないのです。ここで手を抜くと、結局、面接試験で苦しむことになります。「悩む」という孤独な作業に逃げずに真正面から取り組み、我慢して耐えられる人物かどうかが試されていると思ってください。**

# 第2章

# 出題テーマ別　論文作成法

自己PR

# 何をPRするかを間違わないように

自己PRを考えるときに陥りがちな落とし穴を指摘しておきます。注意してください。

## 採用側に合わせるな

「自分にはこれといっていいところがなく、自慢できるようなことが何もありません。どうすればいいでしょう?」

毎年のようにこんな質問をしてくる学生がいます。

なぜ自分のよいところが見つけられないのでしょうか。

学生の相談を受けて感じるのは、相手つまり採用側に合わせようとしすぎていることです。エントリーシートを前にすれば誰だって、どう書けばいい評価がもらえるかなという気持ちがよぎります。

企業や役所の採用担当者が気にしているのは、「一緒に働きたいと思える人物かどうか」「自分の部下として使いやすいかどうか」「組織人としての動きができるかどうか」「協調性があるかどうか」「人とは違った何か特別の経験があるかどうか」である……などと聞かされると、ついつい、「私はそういう人物です」という

自己PR文を書きたくなるものです。ところが、それに合う話が自分の経験の中にないと感じると、とたんに自己PRすることがないとなってしまうのです。

その気持ちはよくわかります。しかし、この発想には誤りがあります。

そこで、自分が「採用担当者が求めているような人物であることをPRしなければならない」と思い込んでいる人を呪縛から解くために、少し詳述します。

「一緒に働きたいと思える人物かどうか」がチェックされているということは、よく言われます。しかし、サークル仲間を探しているわけではありません。

採用担当者が見ているのは、**会社に利益をもたらすかどうかの一点**だと思ってください。協調性があっても会社に利益をもたらせない人は不要です。逆に、上司にどんどん議論を吹っかけ、大胆な発想で常識を打ち破ってくれそうな、一見扱いにくそうな人物が気に入られるかもしれません。

採用する企業、役所や担当者によって、必要と感じる人材は違うのです。チームで動いてもらうつもりだから自分勝手に動く人は困る、と考える場合もあるでしょうし、今までにない新しい視点や柔軟な発想力がほしいから、個性を重視したい、という場合もあるでしょう。

ですから、どうすれば気に入ってもらえるかなどと思いわずらうことなく、**自分自身をしっかりとアピールすることに専念するべき**です。よい・悪いの評価は相手がすることで、自分で予想してもわからないことです。

あなたはあなた自身をしっかりとアピールすればよいのです。

アピールするための方法を次に伝授しましょう。

## 合格の極意

### 同じPRでも受け止め方は異なる

マイナスに思われがちな評価も、アピールポイントになります。

- 上司の顔色を窺い、上司の後ばかりくっついて回る人
  ➡上司の指示を聞く人
- 争い事を嫌がり、社内でばかり仲よくする内向きの人
  ➡協調性に優れた人
- 社内では主張が強く、協調性がない人
  ➡社外活動で情報をキャッチできる人

**企業によって求める人材は違うので、自分自身を素直にアピールすることが重要！**

# 自己PRを上手に書き上げる方法

**自分で自分のことを客観的に知り、上手にアピールできるようになりましょう。**

## 自己PRするための頭の準備体操

自己PRというと、途端にペンが動かなくなる人も多いと思います。

そこで、少し頭の準備体操をします。

あなた自慢の彼氏・彼女でも、バイクでも洋服でもバッグでも何でもかまいません。1つ決めます。次に決めたその人（モノ）をアピールするとしたらどう言おうかを考えてみてください。

条件を付けましょう。アピール時間は1分、もしくは200文字以内。

結構悩みますよね。

例えば「スマートフォン」を題材にしてみます。

1分しかないから一番よいところをしっかりアピールしたい。自分が使っていてこれは便利と思うことは何だっけ。思いつくまま挙げれば、軽い、見やすい、充電が早い、画面の色が鮮やか、アプリが多い……。この中で一番といったら……？

スティーブ・ジョブズのように、あっと驚かせる芸があった方がインパクトがあるかなあ……。

スマートフォン1つPRするのでさえ、あれこれと考えますね。

整理しておきましょう。

スマートフォンをPRするために、
①よさをいろいろピックアップした。
②その上で、どう表現するか考えた。

あなた自身をPRするのも同じです。

## 自己分析の作業マニュアル

自分のことは自分が一番よくわかっているようで、そうでもないのです。まずは、あらためて「自分自身を知る」ことから始めましょう。

ここで作業マニュアルを示しま

すから、そのとおりに実践してください。

## ●ステップ1

**①自分にまつわる出来事、自分の行動を今日から過去にさかのぼり、書き出してみます。自分の中でそれなりに大きな出来事だったと思うことをすべて書き出しましょう。**

**②そのとき、自分が迷ったこと、悩んだこと、逆に何の迷いもなかったことなど、その時々の自分の心の動きをメモしていきます。**

例えば、

　3年生で刑法のゼミに入った。このゼミを選んだのは模擬裁判がやりたかったから。就職に有利とか不利とか言っている友人もいたが、当時は就職など意識もしなかった。

　サークルは3年になる時にやめた。役職などいろいろ面倒くさい仕事も増えるし、サークル仲間とだけずっと一緒にいるのではなく、もっといろいろな経験がしたいと思って思い切ってやめた。

　大学入試では第一志望に落ちたけれど、もう1年浪人するよりは早く大学というところに行ってみたかった。また同じ勉強を繰り返すのかと思うとうんざりして、浪人をしようとは思わなかった。

という感じでどんどん書き出していきます。真面目に取り組めばノート何ページにもわたってしまうはずです。

　注意点は次の2つです。

**・必ず書き出すこと**

ただ頭の中で思い出すだけではダメです。きちんとノートを1冊つくって、丁寧に書き出してください。

**・評価をしない**

　後で使えそうだとか、使えないとか、評価をして取捨選択をしながら書き出すのでは意味がありません。とにかく書き出してください。

●ステップ2

次に、ステップ1で書き出したメモを見ながら、そのノート上の人をアピールするとしたらどういうアピールがあり得るかを客観的に検討します。

書き出した点を眺めながら、「この人」がどういう人かを考えましょう。

浪人をしなかったり、サークルをやめたり、ゼミでは模擬裁判をやりたかったりと、この人はその時々の自分の意志で選択をしている。周りの仲間に流されずに、自分の意志を持てる人だ。

反面、1・2年と上級生のおかげで楽しめたサークルで、今度は自分が世話役にならなければならないときにスッパリやめてしまうのは、責任感や人情味がないというか、自分本位というか……冷たい感じがする。

このように、ノート上の「この人」を検討していきます。

## ストーリーを考える

自己PR文でよりよい文章をつくるためにも、当然全体のストーリーをきちんと考えておかねばなりません。

書き出したノートのメモを見て、ノート上の人に見えてきたことをもとに「この人」をどうアピールするかを検討します。

「この人」の内容に合わせてアピール方法は違ってきます。友人である「この人」を会社の人にアピールするとしたら、どのように紹介するのがいいかを考えていきます。

## ストーリーをつくる

アピールの方法はさまざまです。いいところを箇条書きで列挙するという方法もあるかもしれません。1つの内容を、具体例を少し詳しく展開しながら説明する方法もあるでしょう。

200～400文字程度の文章をつくるのであれば、ある程度の物語性（ストーリー性）があった方が読みやすく、採点官も興味を持ちやすいものです。

**私は○○○と行動します。**

⬅

**反面、それは△△△と言われてしまうこともあります。**

⬅

**しかし、自分は×××と考え、○○○と行動をします。**

こんな感じで、「AだけどB。しかしC」というようなストーリーに仕立てると、それなりの文章になります。

先の例を使って、試しにやってみましょう。

例えばこんな感じです。

流されずにいろいろと考えているところがいい感じなので、そこを1つ軸にしよう。

ただ、それだけだといまひとつ盛り上がりに欠けるから、何かもう1つスパイスが欲しいなあ……。

流されないということは仲間からすれば、「何だよ、あいつは！」みたいなところもある。そのあたりをうまく使えないかなあ……。

というようなことを考えて、以下のように文章にまとめてみました。

最初は、あくまでもノート上の「この人」を紹介する文章を書いてみます。

**「この人→私」は、いつも自分の考えをしっかりと持って行動をする人です。仲間の行動に流されることなく、自分自身の意志で判断をして行動します。**

**例えばゼミの選択でも、多くの学生が就職活動のときに有利だ、不利だと大騒ぎしているのに、そのようなことには全く無頓着で、それよりも、自分のやりたい模擬裁判のためにゼミの選択をしました。**

**サークル活動においても、それが自分にとってプラスにならないと思うと、スパッとやめてしまう意志の強さがあります。反面、人情味が薄いように思われることもあります。**

**しかし、一時の感情だけで仲間と過ごしているのがいいというのではなく、大学時代の過ごし方をきちんと考えて行動している「この人→私」の生き方は、きっと仲間たちにもいい影響を与えると思います。**

# 志望動機をどう書くか

**毎年就職活動、公務員試験シーズンになると一番多いのが、「志望動機は何を書けばよいか」という質問です。**

## 受かる志望動機と落ちる志望動機

質問です。

ここにA君、B君、C君の3人のエントリーシートに書かれた「志望動機」があります。皆さんが鉄道メーカーの採用担当者だったら、3人のうちどの人を採用しますか？

### ●A君の志望動機

「私が貴社を志望する理由は世界中に移動手段として超電導リニア技術を普及させたいからです。環境負荷の低い高速鉄道を普及させることで、地球規模の環境問題に貢献したいと考えております。海外輸出はフロリダ州の高速鉄道整備計画にあったように政治の壁が存在します。貴社はそれに対処し、ＰＲを強化するためにＪＲ西日本、ＪＲ九州、台湾高速鉄路と連携したと考えました。人脈づくりや他社との連携が必要な海外輸出では、私の強みである交渉力が生かせると考え、貴社を志望いたしました。」

### ●B君の志望動機

「子どものころ、よく新幹線ひかりに乗る機会がありました。そのころから新幹線がとても好きです。新幹線に関われる仕事に就きたい一心で、志望しました。」

### ●C君の志望動機

「初任給、賞与水準、休暇などどれをとっても貴社は最高の待遇を設定しておられます。とりわけ、育児休暇、家族リフレッシュ休暇など社員を本気で大切にする会社だと感じました。ここまで社員を大切にしてくれる会社で、会社のメンバーと共に一生懸命頑張ることに大変やりがいを感じ、志望いたしました。」

さて、どうですか？

「やはりA君でしょうか。さすがに待遇面を真正面から書いているC君は論外として、B君のように小学生の憧れのようなことを書かれても、趣味の話をしているわけではないのですからこのような記述は幼稚すぎるでしょう。」と、思いますか？

しかし、こういう見方もできなくはありません。

「A君のようなことは少し勉強すれば誰でも書けるから、本当に新幹線を好きになってくれて頑張ってくれるかは未知数だ。その点、B君は新幹線の大ファンのようだ。新幹線の夢を世界中で語ってくれそうなB君の方が、これからの世界戦略には必要な人材だ。C君は自分の生活も大事にする人で、会社がそれに応えれば、会社のために一生懸命働くだろう。」

こんなこともあるかもしれません。

「A君は書いていることすらうまく答えられず、面接中もおどおどして落ち着かない。他方、B君は新幹線の知識が豊富で、体中から鉄道大好きのオーラが感じられる。」

つまり、私がここで言いたいことは、**志望動機の「中身そのもの」によいも悪いもない**ということです。

ですから、**あなた自身が本当に思っていることを伝えればいい**のです。というより、あなた自身が本当に思っていることをきちんと伝えなければ、面接のときに面接官の質問に答えられずに評価が悪くなる可能性もあります。

### 合格の極意

**採用者側が志望動機を聞く理由**

- 単純に、どうしてこの仕事をしたいのかを聞きたい。
- 面接時などに相手の人となりを探る一手段として。

↓

**志望動機の中身によし悪しはないので、自分自身が本当に思っていることを相手に伝えればいい。**

ゴーッ
アニメに出会って人生が変わったんです!!

# 志望動機の書き方

**あなたが志望しているのですから、素直に「なぜ志望するのか」を書けばよいのです。**

## なぜ志望動機を書かせるのか

志望動機の中身は、極端に言えば何でもいいとすれば、では、いったい何のために聞いているの？　何でもいいのであれば聞いても聞かなくても同じじゃないか！　という声が聞こえてきそうです。

しかし、そうでもないのです。

志望動機の欄にどう書くか、そしてそこに書かれた志望動機をきっかけとして、面接のときに質問したことに対し、どう受け答えをするかは、受験している学生一人ひとりでずいぶん違ってきます。

採用側は、そこから受験生の人物像を必死になってつかもうとしているのです。

例えば、志望動機に書かれている文章が読みにくいものであったり、書かれている内容と会社（役所）の業務との間に齟齬があり、何かしら間違いが書かれていたりしたら、それはマイナスの評価を受けるでしょう。

書かれた志望動機についての質問の受け答えが、しどろもどろになってしまったり、書かれていることと答える内容が全く違っていたりするようなことがあれば、面接官を「この学生は本気でこの会社を志望しているのだろうか？」という気持ちにさせてしまうでしょう。

このように「志望動機」の中身そのもので評価はしないとしても、受験生に「志望動機」を聞くことによって、**その学生がどんな人物かを知る手がかりは、いろいろと出てくるも**のなのです。

## 志望動機を書く際のポイント

### 1　正解があるわけではない

繰り返しになりますが、採用側が「正解」を持っていて、うまくその志望動機を言えた人が「内定！」となるわけではありません。

あなた自身が、その会社（役所）で働いてみたいと思っているわけですから、その気持ちを素直に書けばいいのです。

### 2　志望動機も自己PR

ただ、そうかといって、素朴に何でも思っていることをそのまま書けばいいわけではありません。

採用試験を受けているわけですから、読んだ相手が興味を持ち、「一度会っておきたいな」と思ってもらえるような文章でないと意味がありません。

### 3　自分自身でもあらためてなぜ志望しているかを見つめ直す

「別に働きたいわけじゃないけど、行きたかった会社をもういくつも落ちまくって、しょうがないから受けているだけ。特に書くことがありません」

というようなことを言っている学生も結構います。

しかし、それでも何万社とある企業の中から、その会社を選んでいるのですから、何もないということはあり得ません。

それが何かは、あなたにしかわかりません。

### 4　志望動機を書くための準備

では実際に「志望動機」の欄を書くためにどうすればいいのかという話に移ります。

作業手順を示しますから、それを具体的に実行してください。

**●ステップ1**

**ノートを用意して、思いつくことを書き出す。**

**・なぜここを受験することにしたか**
**・ここでどういう仕事をしてみたいか**
**・この会社でいいのか**

こんな感じです。

何でもいいので、思いつくままに書き出すのです。

このノートは誰にも見せませんから、何を書いても大丈夫です。

ノート2ページ分くらい書いてください。志望先のことだけでなく、就職についての自分の考え、不安、悩みでも何でもいいのです。

アトランダムに箇条書きでどんどん書き出します。

**衣料品のX社に応募するA君**

・日本だけではなく、ヨーロッパやアメリカに出張があるような仕事。
・X社の説明会は迫力があった。
・本音を言えば有名企業のP社あたりに行きたいけれど、それはなかなか難しそうだ。そうなると、中堅どころのX社あたりかな。大学の先輩もいるようだし。

・給料が他の会社より高い。ボーナスもよい。

・ジーンズは好きで結構持っているし、衣料品全般を好きになれそうな気がする。

・研修制度が充実していて、安心して働けそう。

・若くて、風通しのいい社風と書いてはいるけど……。

・パンフレットに書いてある「世界中の人々を笑顔にするために」というフレーズ。

・民族衣装とかは少し興味がある。

・衣料品を売り込むことで、笑顔を増やす仕事だ。

・世界中の地域に入っていって、X社の製品をセールスするのは、結構面白そう……。

こんなふうに、ノートいっぱいに思ったこと、考えていることを何でも書き出します。ここは時間をかけてください。

### ●ステップ2

**書き出したノートを見ながらストーリーを考える。**

自分の気持ちを書き連ねたノートを見ながら、どのようなことを伝えて自分をアピールしようか、いろいろ考えます。

ポイントは、**自分自身をアピールすることにつながっているストーリーを考える**ことです。

しつこいようですが、「正解」があるわけではありません。あなた自身のことですから、あなたが出した答えが正解なのです。

といっても、何でもいいわけではありません。自分のいろいろとある気持ちの中のどこを選択して、それをどう自己PRと結びつけて表現するのかは、工夫できるところなのです。

## 合格の極意

**志望動機を書くポイント**

❶なぜその会社に入りたいのかをあらためてよく考える。
❷採用側の「正解」などないので、自分の気持ちを素直に書く。
❸担当者に「会ってみたいな」と思わせるような文章でないと意味がない。
❹ノートに思いつく志望動機をすべて書き出し、それを見ながらストーリーを考える。

# 第3章

# 論文試験突破のための合格必勝テクニック

Step 01

必勝テクニック

# 試験会場での時間配分が重要！

## 時間配分

公務員試験や、一部の企業における採用試験のように、試験会場でいっせいに一定の制限時間内に論文を書かせるような方式の場合、時間の使い方を知っておくということはとても重要です。

というのも、受験生を見ていると、時間配分などはおかまいなしに、最初からどんどん書き始めている人が多いからです。

制限時間が80分の場合を例に挙げて、おおよその時間配分の目安を示しておきましょう。

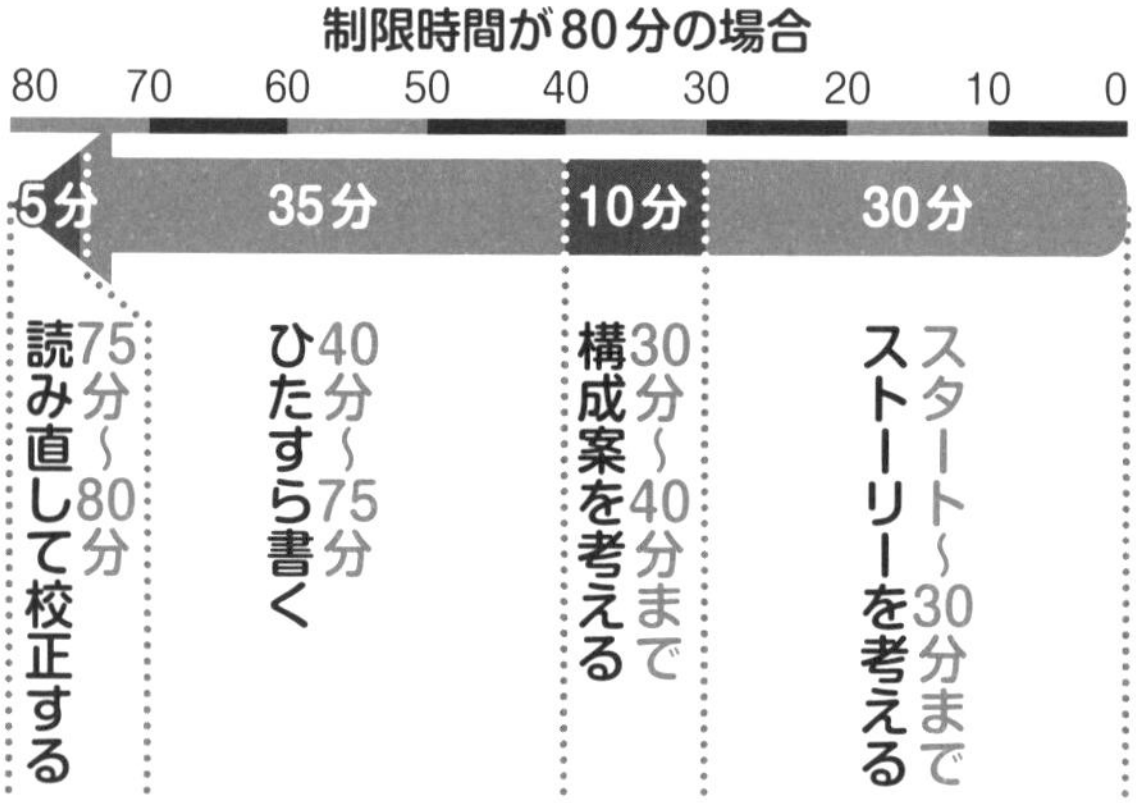


## 決め手は最初の40分

注目してほしいのは最初の40分の「ストーリーと構成を考える時間」です。**ここでは、答案用紙には何も書かずにひたすら考えます。**

制限時間が80分の試験であれば、書く時間が30分で済む人は、50分考える時間があります。書く時間が50分かかる人は、30分しか考える時間がないので、「考える」時間を増やすためにも、早く書けるよう訓練しておきましょう。また、1000字を書くのにかかる時間を測って、自分の「書くスピード」を把握しておくことも重要です。

## 「考える」時間の使い方

例えば、制限時間が80分の試験で、書くのに40分はかかる人の場合でシミュレーションしてみましょう。

この人の場合、「考える」時間は80分マイナス40分ですから、40分です。その40分は次のように使います。

**最初15分　思いつく要素を書き出す**
**次の15分　ストーリーを考える**
**残り10分　全体の構成を考える**

ポイントは、「考える」。**制限時間内は焦らずじっくりと考える**ことです。

全体の構成ができあがるまでは、書き出してはいけません。つまり、40分間は答案用紙には何も書かず、ギリギリまで何かいいストーリーができないかを考え続けます。

「考える」ための制限時間は決まっていますから、いいストーリーを思いつこうがつくまいが、時間は守らなければなりません。

そして、40分たったときに

**①小論文の構成（目次立て）のメモができている。**
**②その構成に沿って、頭の中では論文ができている。**

という状態までできていないといけません。そして、残り40分で一気に書き上げるのです。

ここはいわば、アウトプット（ひたすら書く）の時間です。書きながら、「いいこと」を思いついたとしても、それは割り切って無視した方がよいです。

頭の中でできあがっている内容を、ただただひたすらアウトプットすることに徹した方が、結果的には読みやすい、いい論文になります。

Step 02

必勝テクニック

# 最初の15分のガマンで決まる

## 思いつくことをメモする

最初から、いきなりストーリーを考え始めてしまうのは、後で文章に行き詰まってしまう原因となります。

まずは、ストーリーを考えるためのきっかけとなるであろう、メモをつくることをお薦めします。

まず行うことは、**出題された「課題」を見て、課題文の最初の方から、順に思いつくことを思いつくままに、どんどん自分の発想をメモとして書き出していくことです。**

書き出していくときのポイントが2つあります。

**①この段階では、脈絡や論理展開とか、論文で使えるかどうかなどということはまだ考えないこと。**

**②頭の中にとどめずに紙に書き出すこと。**

「使える」「使えない」などとその場での判断をせずに、とにかくどんどん紙にメモしていくことが重要です。

## ガマンしてアウトプットし続けること

この書き出し作業は、簡単なようですが、実際にやってみると意外と大変なはずです。

最初の5分くらいまでは、いろいろと思いつくので書き出せるのですが、それ以上となると、なかなか書き出せなくなってきます。

それでも、すぐに次のステップに進まずに、ガマンをしてこの作業を15分間は続けます。

## 自分の身近なところから考える

自分自身のこと、兄弟、親、祖父母のこと、親戚のこと、友人のこと、クラスメイトのこと……など、自分の身近なところに連想の幅を広げていくと、思いつくことも増えます。

具体的にやってみましょう。

**課題**

**「近年、学校でのいじめや体罰が社会問題となっています。これらは、子どもの成長と発達に与える**

**影響が大きく、社会全体がいじめや体罰は許されないという認識を持つことが必要です。いじめや体罰が起こる要因についてあなたの考えを述べ、地域としてどのように取り組むべきか論じなさい。」**

**近年**とはいつごろから？　最近？

**学校**とは小学校、中学校、高校、大学、私立、公立？

**いじめ**や体罰というが、両者は全然違う。いじめは生徒同士、体罰は先生と生徒、親と子、コーチと選手。

**子どもの成長と発達に与える影響**とは心を壊すことや、けがなど。

**社会全体が認識を持つ**とは？　全体とは？　いじめが許される社会があるという前提がある？　許される社会とは？　運動部？　体育会系？

**いじめや体罰の起こる要因**は？　いじめと体罰で分けて考える？

**いじめの要因**とは？　いじめられる子に何かいじめられる要素があるか→ない。ではなぜ？　自分がいじめられる側にまわるのが怖くて一緒にいじめる。誰もなぜいじめているのかわからない。最初にいじめたのも誰かわからない。

**体罰の要因**は？　教育にはある程度は必要という考え。限度を超えて、ただの暴力になるのではダメ。

**地域**とは？　商店街？　町内会とかのこと？　近所の人？

**地域としての取り組み**とは、商店街がいじめを撲滅する？　見かけたときに声をかける。学校や警察に通報する？　町内会？　近所で見かけたら注意？　いじめの現場を目撃することなんてある？

子どもたちに直接ではなくても、親に向けてメッセージは出せる。

このような感じで、課題文に沿って、思いつくことをすべて、本書の1ページ分くらいのスペースが埋まるくらい書き出します。

特に、自分の小・中学校時代にいじめや体罰を経験したり、見たり、聞いたりしたことがあったら、そのときに感じたことや、思ったことなどをメモします。

自分で決めた制限時間がきたら(ここでは15分)、スパッとやめて、次の作業に移ります。

次の作業は、書き出したメモを見ながら、ストーリーを考えることです。

Step 03

必勝テクニック

# 「いいね」を意識して思考を巡らせる

## 時間制限の中でできること、できないこと

思いついたことの書き出し作業は、15分たったところで終了し、次の作業、すなわちストーリーを考える作業に移ります。ここに15分を費やします。

ここでもう一度確認しておきます。

今、あなたが取り組んでいるのは、就職試験としての「小論文」です。就職試験である以上、多くの受験生たちの中で「いいね、この答案」と言ってもらえるような小論文を書かなければなりません。

**他の人が書きそうもない、オリジナルの視点を出す**という意識を常に持っていなければなりません。

それと同時に、矛盾するようですが、もう1つ。

たった80分という時間制限の中で書き終えなければならない、熾烈な競争試験を受けているということを忘れてはいけません。

試験には時間制限がありますから、**オリジナルのストーリーができなかったとしても、そこは割り切って、ありきたりでもいいので、それなりに話の筋が通った小論文を書く**しかないということです。

## ストーリーの型

書き出したメモを眺めながら、どんないいストーリーができそうかを考えます。

前ページのいじめと体罰についての課題で、シミュレーションをしてみましょう。

課題は次の2点です。

**①いじめや体罰が起こる要因についてのあなたの考え**

**②地域としてどう取り組むべきか**

この2点を踏まえた上でストーリーをつくっていくとしたら、次のような感じになります。

いじめや体罰が起こる要因は××であると考える。それらを取り除くためには、保護者や学校だけではなく、地域が○○をすること

が必要である。そのために地域として△△に取り組むべきである。

就職試験としての小論文では、課題として要求されている「要因」とそれを解決するための「対策」が対応していないと「いいね」とはなりません。書き出しに要素を使ってそういうストーリーができないかなあと考えながらメモを眺めます。

例えば「対策」については次のような感じで考えていきましょう。

「地域社会」とは誰のことかを明確にしないと漠然としてしまう。

町内会とか、商店街と考えておこう。

そうだとすると取り組むべきといっても「いじめや体罰」を防ぐことが地域社会に果たしてできるのか？

通りを歩く子どもたちの中で、いじめにあっていることがわかるようなことがあれば、そのときは学校に連絡するくらいはしてほしい。

そのためには学校との連絡体制くらいは事前に構築しておくべき。

体罰の現場を地域の人が見るということはあるのか？

教室内や学校内の部活動、家の中でのしつけなどであれば、地域の人の目には触れない。そうすると、地域社会としてもどうにもできないのかなあ？

歩いている子どもの様子などから、わかることもあるか。

少年野球などで、地域のおじさんコーチが体罰をすることもあるかもしれない。

このように考えていくうちに持ち時間の15分がきたら、たとえいいストーリーができていなくても割り切ってストーリーを決めるしかありません。

**制限時間で割り切って先へ進むことが重要**です。

最初の書き出し作業で15分、それを眺めてストーリーを考えるのに15分で今のところ30分経過しています。

次の10分程度で小論文の構成、目次立てを考えていきます。

Step 04

必勝テクニック

# まずは時間内に構成を完成させる

## 時間配分通りに進めることが重要

残り時間が40分の段階では書き始めないといけないので、あと10分で構成を決めなくてはいけません。

ここで「考える」作業は打ち切り、全体構成をまとめます。

特別な解決策が思い浮かんだわけではないが、答案を書くしかない。

←

最低限、「要因」と「対策」がきちんと対応しているようにしよう。

そのためには、これといった対策が特に思い浮かばないような要因については、今回は省こう。

対策として思いついたのは、

←

**①いじめや体罰を見つけたら、学校へ連絡する。**

**②日頃から子どもたちの様子に気をつけておくことで、ちょっとした変化にも気づくことができるようにする。**

**③地域の活動の中で体罰をするようなことのないようにする。また、地域内で意識の啓発をする。**

この対策から逆に考えて、いじめや体罰の要因を検討しよう。

**①②について…**大人が地域の子どもたちに対して、あまり関心を持っていない。

近年、いじめや体罰が深刻な社会問題となっており、ニュースなどでも頻繁に取り上げられているにもかかわらず、直接的に何か困ったことが起きない限りは、それほど関心を持たないことが問題。

**③について…**体罰を教育やしつけと取り違え、許してしまう人がいることが問題。

## 答案構成を確認

頭の中で肉付けをしながら、骨組みを考えて答案構成をメモします。これを見ながら、頭の中で何を書くか最初から最後まで通しで確認します。

**1　いじめや体罰が起こる要因**

①いじめについて

直接的な要因はない

人間の弱さ、集団による麻痺

②体罰

教育やしつけと思っている人がいる

**2　地域として取り組む必要性**

学校や保護者だけでは行き届かない点をカバーしうる可能性がある

**3　地域としての取り組み**

①見過ごさず、気になれば連絡する

(1)地域で子どもたちを育てる

(2)具体的な連絡先

②体罰を絶対許さない意識の啓発

(1)少年野球、少年サッカーなど

(2)親への啓発

## アウトプットに徹する

書き出し作業15分、ストーリー検討15分、答案構成10分ですから、ここまでで40分経過しました。いよいよ答案用紙に向かって書き始めます。先ほど頭の中で確認したストーリーをただひたすら答案用紙に書いていきます。

注意したいのは、ここは単純に「出力」に徹するということです。話の流れを微調整しながら書くとしても、内容の変更や、急に思いついたことの追加は原則禁止です。**よほどのことがない限り変更はせず出力作業に集中し、字を丁寧に、一文1テーマごとに、文章のつながりをわかりやすくすることを心がけます。**

## 最後の5分でさっと校正

上司となる人に見てもらう答案ですから、時間が許す限りは校正をします。ただし、**あくまで誤字・脱字や文章のつながりの修正をするにとどめ、内容の修正はしない**のが原則です。

# 「キラリと光る答案」を目指す

## キラリと光る答案とは

前項では、とりあえず最低限の合格ラインに達するための、いわば「**守りの答案**」の書き方を示しました。

しかし、できれば「守りの答案」から一歩進めて、**キラリと光る答案**が書きたいですよね。

では、「キラリと光る答案」とはどんな答案なのでしょうか？　実は、それほど難しいことではないのです。

課題に対する専門的知識をたくさん持っていなければだめなのではないか、斬新なアイデアがないといけないのではないかと思われがちですが、そうでもないのです。

**キラリと光るポイントは、自分の頭で考えた記述が何かしら入っているかどうかです。**

採点官からすると、ほとんどの答案は同じようなことが書いてあって、読んでいてもつまらなくてしょうがないという状態です。

その中で他の人が書いていないようなことで「なるほどね」と思わせることが書いてあれば、キラリと光ってしまうのです。

キラリと光る答案を書くためには、キラリと光るネタが必要です。

考えていても、偶然いいネタが見つかるかどうかわからないというのでは困りますから、知識がなくてもその場で誰にでもできるネタの探し方をお話ししておきます。

## 自分の身近な経験に照らした話

他の人と違うことを書けばキラリと光るというのですから、**自分しか知らないことをうまく織り込めればよいのです。**

自分自身の経験や、自分の家族のこと、自分の学校のこと、自分の家の周りのことなどは、他の人は知らないわけですから、他の人とは違う話になりますね。

先ほどの課題に照らして言えば、いじめや体罰について、自分自身や知り合いの経験などがあれば、それを核にすることは非常に有効です。

自分自身の経験ではなくても、友人や知り合いの話でも、親が言っていたことでもかまいません。そのようなリアルな生の声は、とても強いインパクトを与える要素となります。

## 自分周辺のネタの使い方

自分自身が経験したり、聞いたりした話があったとしても、その事実をただ書いただけで評価が上がるわけではありません。そのネタをどう使うかがポイントになります。

採点官に「なるほど」と思ってもらえるだろうという話のパターンを示します。そのようなパターンに当てはめて、自分の体験や考えをいいストーリーに仕立てられないかを考えてみてください。

もっと言ってしまえば、これから示すパターンに当てはまるようなネタが、自分の身の回りにないかを探すという方が、取り組みやすいかもしれません。

**パターン**

一般には、〇〇と考えられる。
しかし、自分の経験からすると、
逆に△△とも考えられる。

**対比した論を示して、それを収束してどう考えるかを示す**と、意外といい答案ができあがります。

前述の課題で参考例を示します。

ここでは、体罰について考えてみましょう。

「自分自身が高校時代の部活動でサッカーをしていたときに、先輩からボールを投げつけられたり、足を蹴られたりした経験がある。さらに、自分も後輩に対して同じような

ことをしてしまった。」

　もしあなたにこのような経験があれば、左に示したような文章にすることができます。

　いかがでしょう。別にそれほど大したことが書いてあるわけでもありません。しかし、通り一遍のことしか書いていない答案や「論」だけを書いているよりも、リアルで何か惹きつけるものが出てきます。

　実際に、このくらいのことでも答案をキラリと光らせることができるのです。


　高校時代、私はサッカー部に所属していました。

　練習はいつも激しく、厳しいものでした。先輩から怒鳴られたり、ボールを投げつけられたり、俗にいうしごきのようなこともありました。

　そのときは、みんな一生懸命だったので、「体罰」などということは考えたこともなく自分は受け入れていましたし、私自身も後輩に似たようなことをしていました。

　しかし「体罰」ということがエスカレートして自殺者まで出すというニュースを聞いてあらためて思い返してみると、自分が先輩にやられたり、逆に後輩たちにやってきたことも、体罰だったかもしれないと思うようになりました。

　自分がそうだったように、体罰を受ける側も、それを「体罰」と思わずに受け入れてしまうことが、最悪の事態を招くきっかけになっていることがわかります。

## 合格の極意

### 「キラリと光る答案」の書き方

#### 1. 時間の使い方を知っておこう（制限時間が80分の場合）

スタート
　⬇ ストーリーを考える
30分まで
　⬇ 構成を考える
40分まで
　⬇ ひたすら書く
75分まで
　⬇ 校正をする
80分まで

#### 2. 重要なのは「ストーリー」と「構成」を考える時間

考える時間＝制限時間－書くための時間
〈考える時間の使い方〉
①課題文の最初から順に、思いつく要素をどんどん書き出していく。
②思いつかなくなっても我慢して考え続ける。
③他の人が書きそうもないようなオリジナルの視点を出そうという意識を持つ。時間内にいいストーリーを思いつかなかった場合は、割り切って次に進む。
④ストーリーに肉付けしながら答案構成をメモしていき、何を書くか通しで確認する。

#### 3. 書く段階、校正の段階での内容の変更はしない

①ひたすら書くことに徹する。
②校正では誤字・脱字や文章のつながりの修正をするだけにとどめる。

#### 4. 「いいね」と思わせる文章にするためには

①読みやすい字で書かれている
➡自分の字が下手だと思ったら、きれいに書けるように事前に努力する。
②文章が読みやすい
➡決められた時間内に読みやすく仕上げるという、採用側の要求に最低限応えられるように努める。
③ストーリーがある
➡全体を通してしっかりしたストーリー性を持っている。

#### 5. ポイントは自分の頭で考えた記述が入っていること

自分しか知らない話や経験を織り込んで、他の人との違いを見せる。

# 「キラリと光る答案」はこう書く！

## 逆を考えてみる

キラリと光る答案にするために、1つテクニックを伝授しておきます。**誰もが書きそうなことの逆を考えてみるのです。**多くの人が「シロ」と書きそうだと思ったら、逆に「シロではない」と考えてみるのです。

実際にそれを論文に書くかどうかは別問題です。うまく使えるときもあれば、使えないときもあります。何かのきっかけをつかむためにあえてやるのです。

いくつか例を示します。

●**例1　男女平等社会について**
男女平等な社会にすべきだ。
➡男と女では身体的な差があるので、何でも平等とするのはどうか。

●**例2　待機児童の問題について**
保育園を増やすべきだ。
➡保育園を増やすのではなく、保育園に入れたいという親を減らすべき。

●**例3　高齢化社会の問題について**
高齢化することで医療、介護を必要とする人々が増大し大変である。
➡65歳で定年した元気な高齢者が、地域のボランティア活動に従事するようになれば、社会は前より活性化する。

この「逆」を考えるということは、つまり物事の見方を変えてみる、違う方向から物事を見てみる、ということです。

## どのように考えていけばいいのか

「いじめ問題」について「逆」を考えるシミュレーションをしてみましょう。「いじめをなくすことが必要」という論に対して、「なくす必要はない」とは言えないのかを考えてみます。

**「子どもたちの社会に大人がわざわざ介入していって、いじめをなくすように働きかける必要はない。む**

**しろ、社会に出てからの複雑な人間関係に耐える訓練のためにも、大人が過度に介入しない方がいい。」**

あえてそういう立場に立って考えてみましょう。

これは、あくまでも考えるきっかけをつかむための作業なので、必ずしも「いじめをなくす必要はない」という結論にたどり着く必要はありません。

次ページの図「必ずしも『逆』の考えを通す必要はない」では、なぜいじめが起こるのかというところからさらに考えを進めています。

「いじめをなくす必要はない」という論を立てようとして、結局は「やはりいじめは起こってはならない」という方向に考えが進んでし

## 合格の極意

### 「いじめ問題」に対して「逆」を考える

社会に出れば学校の中よりもいっそう複雑な人間関係の中で生きていかなければならない。会社の中だって、いじめのような行為はあるに違いない。

↓

学校は、社会に出る前に人間関係の訓練をする場でもあるはず。

↓

「いじめ」をなくすのではなく、「いじめ」があることを前提にそうした事態にどう対処するかを学ばせることも重要。

↓

「いじめられている側」に、「いじめ」への対処方法を教育することが必要。

↓

いじめられる側にも原因があり、いじめの対象になるのであれば、原因を取り除く。

↓

原因は？　体が小さい、足が遅い、勉強が苦手……。

まったとしても、それはそれでいっこうにかまわないのです。

**このように考えを進めていくことによって、いかに「いじめ」がひどい行為であり、その解決を子どもたちだけに任せるのではなく、周囲の大人が十分に注意をしてやらなければならないことがわかります。**

さらに考えを進めてみると、子どもたちに「いじめ」をしてはいけないと知ってもらうにことにつながりそうな事柄が、浮かんでくるかもしれません。例えば、いじめを「犯罪」として認識させることもその１つでしょう。

これくらい考えた上での論文であれば、おのずと、**他の人とは違う、キラリと光る答案**になります。

上記のような流れを振り返って、答案を構成してみましょう。

## 合格の極意

### 必ずしも「逆」の考えを通す必要はない

こう考えてくると、特別な原因がないのに、いじめ被害にあっていることが少なくないのでは、と予想できる。とすると原因を取り除くことは不可能？

↓

いじめ被害にあったときにそれに対処する方法を教えておくことが重要である。どういう対処方法があるだろう？

↓

いじめている加害者と話し合うなんてことはできそうもない。そもそも１人が加害者であるというよりは、クラス全体が加害者になっていることもあるだろう。先生に訴えても、それがわかってしまえば、かえっていじめが増長してしまうかもしれない。

↓

とすると「逃げる」しかないのか。いわれのない「いじめ」のために転校するしかないのか？

↓

こう考えてくると、「いじめ」という行為がいかに卑劣であるか、ましてや小学校、中学校など発達段階の子どもの世界で、こういうことは絶対に起こってはならないということがよくわかる。

**①いじめは犯罪である。**
**②地域社会の果たす役割は重要。**
**③しかし、現在は近所付き合いもあまりないし、都心部ではマンション住まいも多く、人口も密集している。**
**④大人が子どもたちに気軽に声をかけられるようにするための取り組みが必要。**
**⑤そのための提案。**

そのための特効薬などはありません。しかし、例えば朝のあいさつ運動、地域の運動会、子どもたちと地域の大人との手紙交換、親と地域住民との交流会……など、何でもかまいません。**1つでも2つでも具体的な提案をすることができれば、それで十分です。**

## 合格の極意

### 「キラリと光る答案」にするためにさらに深く考える

「いじめ」がエスカレートして自殺などという最悪の結果を招くとすれば、それは犯罪といっても過言ではない。

↓

空き巣などの犯罪撲滅のためにつくられた「見てるぞ！」と書かれたポスターが効果的だという話を聞いた。「いじめ」は犯罪であるという理解と、みんなが「見張っている」という状況をつくることも重要だ。

↓

だから、問題文に「地域社会の取り組み」が問われているのか。しかし現実は、おかしな様子に気づいても、知らない子どもに声はかけづらいし、その子どもの親から変質者扱いされても困る。

↓

そうか！　地域の大人たちが見守らなければいけないが、それができる土壌がないのだ。地域社会が取り組むべきことは、気軽に子どもたちに声をかけられる環境をつくることなんだ。

↓

テレビドラマで、地方に住む主人公の男の子が髪の毛を染めたところ、非行に走らせまいとする近所の大人たちに髪を無理やり黒に染められるというシーンを見た。極端だが、そういう環境をつくるということか。

Step 07
必勝テクニック
キラリと光るストーリーをつくるテクニック

## 「問題文」に徹底してこだわる

問題文に徹底してこだわって、その問題が何を求めているのかを考えることも、何かしらの手がかりをつかむために非常に有効です。
問題文にしたがって、一言一言に対してツッコミを入れ、検証していきます。実際にやってみましょう。

**問題文**
**「いじめや体罰が起こる要因について あなたの考えを述べ、地域としてどのように取り組むべきか論じなさい。」**

---

まずは、「**いじめの要因**」「**体罰の要因**」についてそれぞれ検討し、根が一緒であるという論でいくのか、そもそも別の問題だから取り組むべきことも違ってくるという論でいくのかなどを考えます。

「いじめ」と「体罰」の2つを挙げているが、いじめと体罰とは全然違うのではないか？　いじめは生徒同士、体罰は先生と生徒、あるいは親と子どもとの関係で起こることではないか？
⬅
いじめや体罰の起こる要因を別々に検討しろということか？　それとも要因の根は実は同じだということを言わせようとしているのか？

---

次は「**地域**」について考えます。
「地域として」という「地域」とは何のことを言っているのだろう？　町内会か？　商店街か？
⬅
なぜ突然、「地域」なのか？　学校や保護者ではないのか？
⬅
学校や保護者だけではなく、地域なのか？　学校ではだめだから地域なのか？　「学校・ＰＴＡ・地域が一体」という言葉があったが……。

「地域」とは、わかるようなわからないような言葉ですから、ここをある程度はっきりさせることが必要でしょう。出題者はなぜ、そして誰を想定して「地域」という言葉を使ったのかは考えどころです。

次に「**どのように取り組むべき**」という点です。

「どのように」というのは、何を求めているのだろう？

「積極的に取り組むべきである」とか、「あまり積極的に取り組むべきではない」ということを論じるのか？

それとも、取り組むべきことを前提にして、どのような取り組みをすべきなのかの具体例を求めているのだろうか？

このように、問題文の一言一言を考えながら読んでみるのです。それが、問題を考えるヒントやきっかけになります。

## あたりまえでも「書く」

上記のようなことにこだわらなくても、それらは当然のことだから、論文の中で書いても仕方ない、と思うかもしれません。

しかしそれは違います。そういうことを考えた上で、**思考の過程をそれなりに出していかなければ、あなたの考えは採点官には伝わりません。**

その点をどのように考えたかが聞かれているのです。**その思考過程こそが「キラリと光る答案」のポイントになる**のです。

もちろん時間にも文字数にも制限がありますから、何でも書くことはできません。取捨選択は必要です。

取捨選択の基準は、キラリと光る答案にするために必要かどうか、すなわち、他の受験生は書かないが、意外とポイントになりそうかどうかで判断をします。

## 問いに答えているか

前ページの問題で、「地域としても学校、保護者と協力体制を取りながら一緒になって子どもたちを見守る体制をつくっていかなければならない。」では何も答えていないのと同じです。

問いに対する答えになっているかを常に意識しておくことが重要です。

基本チェック

# 原稿用紙の使い方

本文は名前と１行あけて６行目から書き始めます。書き始めは１マスあけて２マス目から書きます。

基本は、２行目の上から３マスあけて書き始めます。タイトルが不要な場合や指定の箇所に書かせる場合もあるので、問題文の指示にしたがうこと。

名前はタイトルと１行あけて４行目に書きます。姓と名の間は１マスあけて行末は１マスか２マス残します。

私の長所

新星　喜治

　私は入社後、自分の長所を生かして、次のようなメリットを与えることができます。

　まず私は、何事も最後まで諦めずに努力することができます。私は小さいころから十年以上、水泳を続けてきました。練習はとても

原則として「！（感嘆符）」や「？（疑問符）」は使わず、必要なときでも使うのは1回に抑えましょう。

「Tシャツ」「T字路」など、記号として使用する場合は縦書き、「NHK」「NPO」などの略称なども縦書きにします。

アルファベットは原則として、横書きで、1マスに2字入れます。

「……」「――」は、普通、2マス使います。

文字の挿入は挿入箇所がわかるように印を付けます。ただし、減点対象となるので、できるだけ避けましょう。

句読点、カッコは1字分として1マス使って書きます。

改行して段落を変えるときは、1マスあけて2マス目から書きます。段落がカッコで始まるときは1マスあけるのが基本ですが、1マス目から書くスタイルもあります。

辛く、やめたいと思ったこともありましたが、
そのたびに「ここで諦めたら必ず後悔する。」
と思い、続けることができました。常に目標
を持って一つ一つの練習を大切に取り組んだ
ことで、目標にしていた大会で入賞できるま
での実力をつけることができました。
　この経験から、私は今後仕事をしていく上
で、困難にぶつかってもすぐには諦めずに、
最後まで努力して困難を乗り越えていくこと
ができると思います。

会話文や引用文の句点と閉じカギカッコは同じマスに入れます。本の題名や映画のタイトルなどは『　』（二重カギカッコ）でくくるのが普通です。

句読点や閉じカッコは行の頭に持ってこないようにし、前の行の行末の文字と同じマス内か、マスの下に書きます。

- 文字は楷書で丁寧に書き、原則として略字、はやり言葉は使わない。
- 文字数は、タイトルや名前は含まず、本文を書き始めたところから数えます。
- 誤字・脱字の修正は、消して書き直します。
- ただし、時間がないときは棒線で消してその横に書きます。

基本チェック

# 誤りやすい言葉

| 正 | 誤 |
|---|---|
| 相づち | 合づち |
| 圧倒 | 圧到 |
| 過ち | 誤ち |
| 案の定 | 案の条 |
| 安否 | 安非 |
| 遺憾 | 遺感 |
| 異口同音 | 異句同音 |
| 威光 | 偉光 |
| 意思表示 | 意志表示 |
| 移籍 | 移席 |
| 一抹 | 一沫 |
| 意味深長 | 意味慎重 |
| 違和感 | 異和感 |
| 隠語 | 陰語 |
| 引率 | 引卒 |
| 有頂天 | 有頂点 |

| 正 | 誤 |
|---|---|
| 演説 | 演舌 |
| 応対 | 応待 |
| 応募 | 応慕 |
| 穏健 | 温健 |
| 会心 | 快心 |
| 過小評価 | 過少評価 |
| 価値観 | 価値感 |
| 渦中 | 禍中 |
| 貨幣 | 貨弊 |
| 借りる | 貸りる |
| 間一髪 | 間一発 |
| 環境 | 還境 |
| 勘違い | 感違い |
| 看過 | 観過 |
| 環視 | 観視 |
| 眼前 | 顔前 |

| 正 | 誤 |
|---|---|
| 堪忍 | 勘忍 |
| 感服 | 感伏 |
| 完璧 | 完壁 |
| 緩慢 | 緩漫 |
| 還暦 | 還歴 |
| 気概 | 気慨 |
| 危機一髪 | 危機一発 |
| 気候 | 気侯 |
| 疑似 | 擬似 |
| 機転 | 気転 |
| 奇特 | 気徳 |
| 窮屈 | 窮窟 |
| 驚異 | 驚威 |
| 魚介 | 魚貝 |
| 漁船 | 魚船 |
| 共同作業 | 協同作業 |

| | |
|---|---|
| 均衡 | 均衝 |
| 偶然 | 遇然 |
| 苦境 | 苦況 |
| 駆逐 | 駆遂 |
| 軽率 | 軽卒 |
| 劇薬 | 激薬 |
| 欠如 | 欠除 |
| 決選投票 | 決戦投票 |
| 解熱 | 下熱 |
| 減価償却 | 原価償却 |
| 倹約 | 険約 |
| 講義 | 講議 |
| 口頭試問 | 口答試問 |
| 互角 | 互格 |
| 孤独 | 弧独 |
| 固有 | 個有 |
| 砕身 | 砕心 |
| 栽培 | 裁培 |
| 裁量 | 採量 |
| 詐欺 | 詐偽 |
| 散漫 | 散慢 |

| | |
|---|---|
| 指摘 | 指適 |
| 弱冠 | 若冠 |
| 収穫 | 収獲 |
| 重複 | 重復 |
| 趣向 | 趣好 |
| 召喚 | 召換 |
| 衝突 | 衡突 |
| 試練 | 試錬 |
| 心機一転 | 心気一転 |
| 成績 | 成積 |
| 責任追及 | 責任追求 |
| 責任転嫁 | 責任転化 |
| 折半 | 切半 |
| 善後策 | 前後策 |
| 漸次 | 暫次 |
| 先入観 | 先入感 |
| 荘厳 | 壮厳 |
| 壮大 | 荘大 |
| 率直 | 卒直 |
| 待機 | 待期 |
| 打開 | 打解 |

| | |
|---|---|
| 脱却 | 脱脚 |
| 端的 | 単的 |
| 単刀直入 | 短刀直入 |
| 貯蓄 | 貯畜 |
| 撤回 | 徹回 |
| 泥仕合 | 泥試合 |
| 貪欲 | 貧欲 |
| 肉薄 | 肉迫 |
| 賠償 | 倍賞 |
| 反映 | 反影 |
| 悲観 | 悲感 |
| 微妙 | 徴妙 |
| 奮起 | 奮気 |
| 紛糾 | 粉糾 |
| 粉飾 | 紛飾 |
| 万事休す | 万事窮す |
| 妨害 | 防害 |
| 模型 | 模形 |
| 予断 | 余断 |
| 律儀 | 律気 |
| 狼藉 | 浪籍 |

基本チェック

# 漢字の読みと書き・四字熟語・故事・ことわざ

## 漢字の読み

| | |
|---|---|
| 曖昧 | あいまい |
| 欠伸 | あくび |
| 小豆 | あずき |
| 軋轢 | あつれき |
| 行灯 | あんどん |
| 塩梅 | あんばい |
| 十六夜 | いざよい |
| 一瞥 | いちべつ |
| 慇懃 | いんぎん |
| 団扇 | うちわ |
| 閏年 | うるうどし |
| 演繹 | えんえき |
| 婉曲 | えんきょく |
| 冤罪 | えんざい |
| 鷹揚 | おうよう |
| 十八番 | おはこ |
| 思惑 | おもわく |
| 凱旋 | がいせん |
| 界隈 | かいわい |
| 案山子 | かかし |
| 攪拌 | かくはん |
| 陽炎 | かげろう |
| 固唾 | かたず |
| 喝采 | かっさい |
| 葛藤 | かっとう |
| 艱難 | かんなん |
| 忌憚 | きたん |
| 生粋 | きっすい |
| 寄附 | きふ |
| 詭弁 | きべん |
| 杞憂 | きゆう |
| 教唆 | きょうさ |
| 庫裡 | くり |
| 玄人 | くろうと |
| 薫陶 | くんとう |
| 逆鱗 | げきりん |
| 解脱 | げだつ |
| 倦怠 | けんたい |
| 恍惚 | こうこつ |
| 好事家 | こうずか |
| 誤謬 | ごびゅう |
| 渾身 | こんしん |
| 建立 | こんりゅう |
| 些細 | ささい |
| 桟敷 | さじき |
| 早速 | さっそく |
| 懺悔 | ざんげ |
| 嗜好 | しこう |
| 私淑 | ししゅく |
| 車掌 | しゃしょう |
| 借款 | しゃっかん |
| 逡巡 | しゅんじゅん |
| 嘱託 | しょくたく |
| 斟酌 | しんしゃく |
| 杜撰 | ずさん |
| 逝去 | せいきょ |
| 脆弱 | ぜいじゃく |
| 掣肘 | せいちゅう |
| 雪辱 | せつじょく |
| 僭越 | せんえつ |
| 造詣 | ぞうけい |
| 壮烈 | そうれつ |
| 仄聞 | そくぶん |
| 粗忽 | そこつ |
| 兌換 | だかん |
| 伊達 | だて |
| 建坪 | たてつぼ |
| 逐次 | ちくじ |
| 躊躇 | ちゅうちょ |
| 凋落 | ちょうらく |
| 追従 | ついしょう |
| | ついじゅう |
| 踏襲 | とうしゅう |
| 陶冶 | とうや |
| 訥弁 | とつべん |
| 頓挫 | とんざ |
| 捺印 | なついん |
| 難渋 | なんじゅう |
| 刃傷 | にんじょう |
| 媒酌 | ばいしゃく |
| 白眉 | はくび |
| 破綻 | はたん |
| 頒布 | はんぷ |
| 伴侶 | はんりょ |
| 誹謗 | ひぼう |
| 敷衍 | ふえん |
| 俯瞰 | ふかん |
| 紛糾 | ふんきゅう |
| 崩御 | ほうぎょ |
| 彷彿 | ほうふつ |
| 遊説 | ゆうぜい |
| 所以 | ゆえん |
| 癒着 | ゆちゃく |
| 夭折 | ようせつ |
| 凌駕 | りょうが |
| 領袖 | りょうしゅう |
| 流布 | るふ |
| 漏洩 | ろうえい |

## 漢字の書き

| | |
|---|---|
| あいせき | 哀惜 |
| あっせん | 斡旋 |
| あなどる | 侮る |
| あま | 海女 |
| あんぎゃ | 行脚 |
| いでんし | 遺伝子 |
| いなり | 稲荷 |
| いふ | 畏怖 |
| いんねん | 因縁 |
| うけおい | 請負 |
| うちょうてん | 有頂天 |
| うんでい | 雲泥 |
| えしゃく | 会釈 |
| えとく | 会得 |
| えんかつ | 円滑 |
| おかん | 悪寒 |
| おんけん | 穏健 |
| かきょう | 佳境 |
| かぐら | 神楽 |
| かげん | 下弦 |
| かせん | 寡占 |
| かつあい | 割愛 |
| かわせ | 為替 |
| かんけつ | 簡潔 |
| かんしょう | 感傷 |
| かんたん | 感嘆 |
| かんびょう | 看病 |
| きえ | 帰依 |
| ききゅう | 希求 |
| ぎゃくたい | 虐待 |
| きゅうだん | 糾弾 |
| きょうしゅう | 郷愁 |
| きんこう | 均衡 |
| ぎんみ | 吟味 |
| くちく | 駆逐 |
| くちゅう | 苦衷 |
| くよう | 供養 |
| けねん | 懸念 |
| けんお | 嫌悪 |
| けんきょ | 謙虚 |
| げんち | 言質 |
| こうそ | 控訴 |
| こうとう | 口頭 |
| さいしん | 砕身 |
| ざこ | 雑魚 |
| さっしん | 刷新 |
| ざっとう | 雑踏 |
| さはんじ | 茶飯事 |
| さんか | 傘下 |
| ざんじ | 暫時 |
| さんだい | 参内 |
| しこう | 施行 |
| しさ | 示唆 |
| しせい | 市井 |
| しもん | 諮問 |
| しゃおん | 遮音 |
| しゅうえん | 終焉 |
| しゅうしゅう | 収集 |
| しゅうしゅう | 収拾 |
| じゅんたく | 潤沢 |
| しょうがい | 障害 |
| しょうぞく | 装束 |
| じんだい | 甚大 |
| しんとう | 浸透 |
| しんこっちょう | 真骨頂 |
| すいこう | 推敲 |
| ぜにん | 是認 |
| せりふ | 台詞 |
| そうい | 創意 |
| そうけん | 壮健 |
| そうさい | 相殺 |
| そち | 措置 |
| そんたく | 忖度 |
| たいき | 待機 |
| だきょう | 妥協 |
| だし | 山車 |
| ちつじょ | 秩序 |
| ちゅうしゅつ | 抽出 |
| ちょうえつ | 超越 |
| ちんちょう | 珍重 |
| ちんぷ | 陳腐 |
| てんたん | 恬淡 |
| どうさつ | 洞察 |
| とうしゅう | 踏襲 |
| とくめい | 匿名 |
| なだれ | 雪崩 |
| はくちゅう | 伯仲 |
| はんじょう | 繁盛 |
| ひきん | 卑近 |
| ひじゅん | 批准 |
| ひよく | 肥沃 |
| ひろう | 披露 |
| ふいちょう | 吹聴 |
| ふせ | 布施 |
| ぶぜん | 憮然 |
| ふっしょく | 払拭 |
| ふへん | 普遍 |
| ほうが | 萌芽 |
| ぼうちょう | 膨張 |
| ほうよう | 抱擁 |
| ほこさき | 矛先 |
| ほっさ | 発作 |
| まいぼつ | 埋没 |
| まぶか | 目深 |
| むぞうさ | 無造作 |
| めがね | 眼鏡 |
| めんみつ | 綿密 |
| もほう | 模倣 |
| ゆいごん | 遺言 |
| ゆいしょ | 由緒 |
| ゆうぜい | 遊説 |
| ゆえん | 所以 |
| ようご | 擁護 |
| よくせい | 抑制 |
| よせ | 寄席 |
| らいさん | 礼賛 礼讃 |
| わいろ | 賄賂 |

## 四字熟語

**一陽来復**《いちようらいふく》
苦しい時期が過ぎて、運が開け始めてくること。

**有為転変**《ういてんぺん》
世の中のことが常に変化して、同じ状態にとどまらないこと。

**紆余曲折**《うよきょくせつ》
事情が込み入っていて、複雑なこと。

**雲散霧消**《うんさんむしょう》
物事が雲か霧のようにあとかたもなく消え失せること。

**快刀乱麻**《かいとうらんま》
もつれていた難しい物事を鮮やかに解決すること。

**臥薪嘗胆**《がしんしょうたん》
目的を達するために苦労を重ねること。

**換骨奪胎**《かんこつだったい》
古人の詩文の発想・形式などを踏襲して、独自の作品をつくること。

**玉石混交**《ぎょくせきこんこう》
優れたものと愚かなものが入り混じっていること。

**虚心坦懐**《きょしんたんかい》
心にわだかまりがなく、落ち着いている様子。

**金科玉条**《きんかぎょくじょう》
一番大切なきまりや法律。

**巧言令色**《こうげんれいしょく》
言葉をうまく飾り愛想よく取り繕って、人にこびへつらうこと。

**荒唐無稽**《こうとうむけい》
言動に根拠がなくでたらめなこと。

**五里霧中**《ごりむちゅう》
物事の様子がわからず、方針や見込みが立たないこと。

**自縄自縛**《じじょうじばく》
自分の心構えや言行に縛られて、身動きが取れなくなり苦しむこと。

**枝葉末節**《しようまっせつ》
本質から離れた、重要でない部分。

**切歯扼腕**《せっしやくわん》
ひどく怒ったりくやしがること。

**大同小異**《だいどうしょうい》
細かい点での相違はあっても、大体同じであること。

**泰然自若**《たいぜんじじゃく》
落ち着いていて、物事に動じない様子。

**同工異曲**《どうこういきょく》
一見異なっているように見えるが、内容はさほど違わないこと。

**美辞麗句**《びじれいく》
立派なようで内容の乏しい言葉。

**本末転倒**《ほんまつてんとう》
物事の根本的なこととそうでないことを取り違えること。

**羊頭狗肉**《ようとうくにく》
見かけは立派だが、実質が伴わないこと。

**和顔愛語《わがんあいご》**
和やかな表情と親愛の情がこもった言葉遣い。親しみやすく温かい態度。

**和光同塵《わこうどうじん》**
才能や知恵を隠して、俗世間の中に交わっていること。

## 故事とことわざ

**阿吽《あうん》の呼吸《こきゅう》**
何かをするときの互いの微妙なタイミングや気持ちが一致すること。

**魚心《うおごころ》あれば水心《みずごころ》**
相手が好意を示せば、こちらもそれに応える用意があること。

**屋上屋《おくじょうおく》を架《か》す**
屋根の上に屋根を架ける意から、むだなことをするたとえ。

**隗《かい》より始《はじ》めよ**
事を始めるにはまず自分自身が着手せよということ。

**火中《かちゅう》の栗《くり》を拾《ひろ》う**
自分の利益にならないのに、他人のために危険を冒すたとえ。

**鼎《かなえ》の軽重《けいちょう》を問《と》う**
人の実力を疑ったり、その地位をくつがえそうとしたりすること。

**肝胆相照《かんたんあいて》らす**
心の底まで打ち明けて交わること。

**奇貨居《きかお》くべし**
得難い機会だから逃さず利用すべきというたとえ。

**弘法筆《こうぼうふで》を選《えら》ばず**
本当の名人はどんな道具でも立派に使いこなすというたとえ。

**愁眉《しゅうび》を開《ひら》く**
心配事がなくなって安心すること。

**人口《じんこう》に膾炙《かいしゃ》する**
詩文などが、広く人々の口にのぼって、もてはやされること。

**栴檀《せんだん》は双葉《ふたば》より芳《かんば》し**
俊才は幼い頃から優れていること。

**他山《たざん》の石《いし》**
他人の誤った言動も、自分の人格を育てる助けとなり得るたとえ。

**提灯《ちょうちん》に釣鐘《つりがね》**
釣り合いの取れていないこと、比較にならないことのたとえ。

**二階《にかい》から目薬《めぐすり》**
意のままにならずもどかしいこと。回り遠くて効果のおぼつかないこと。

**覆水盆《ふくすいぼん》に返《かえ》らず**
一度してしまったことは取り返しがつかないということ。

**李下《りか》に冠《かんむり》を正《ただ》さず**
人の疑いを招きやすい行為は避ける方がよいというたとえ。

**老馬《ろうば》の智《ち》**
ものにはそれぞれ学ぶべきところがあるということ。

**論語《ろんご》読みの論語《ろんご》知《し》らず**
書物の内容や理論は知っていても、それを生かして実践できないこと。

基本チェック

# 同意語・反対語・同音異義語

## 同意語

- 斡旋＝世話
- 暗示＝示唆
- 意義＝意味
- 異存＝異議
- 応答＝返事
- 概略＝概要
- 改良＝改善
- 肝要＝肝心
- 機知＝機転
- 教化＝感化
- 苦心＝腐心
- 計画＝企画
- 啓蒙＝啓発
- 高騰＝騰貴
- 根本＝基礎
- 賛成＝同意

- 自然＝天然
- 終生＝一生
- 節約＝倹約
- 全滅＝壊滅
- 多種＝多彩
- 着工＝起工
- 沈着＝冷静
- 珍妙＝奇妙
- 伝染＝感染
- 特別＝格別
- 値段＝価格
- 白状＝自白
- 伯仲＝互角
- 破産＝倒産
- 発達＝進歩
- 敏速＝俊敏

- 不意＝突然
- 風潮＝傾向
- 別段＝特別
- 放棄＝遺棄

- 見分け＝区別
- 有名＝著名
- 抑圧＝威圧
- 冷酷＝無慈悲

## 反対語

- 愛護⇔虐待
- 安全⇔危険
- 安定⇔変動
- 威圧⇔懐柔
- 異義⇔同義
- 一括⇔分割
- 一致⇔相違
- 違反⇔遵守
- 栄転⇔左遷
- 円滑⇔沈滞
- 演繹⇔帰納

- 延長⇔短縮
- 円満⇔不和
- 応召⇔召集
- 往信⇔返信
- 応分⇔過分
- 横柄⇔謙虚
- 大家⇔店子
- 解雇⇔採用
- 解放⇔束縛
- 確信⇔疑念
- 過疎⇔過密

- 起床⇔就寝
- 義務⇔権利
- 求人⇔求職
- 強硬⇔柔軟
- 協調⇔対立
- 勤勉⇔怠惰
- 軽蔑⇔尊敬
- 倹約⇔浪費
- 故意⇔過失
- 高尚⇔低俗
- 購入⇔売却
- 巧妙⇔拙劣
- 固定⇔浮動
- 債権⇔債務
- 散在⇔密集
- 湿潤⇔乾燥
- 支配⇔従属

- 集合⇔離散
- 充実⇔空虚
- 拾得⇔遺失
- 柔軟⇔硬直
- 主観⇔客観
- 縮小⇔拡大
- 竣工⇔起工
- 需要⇔供給
- 消費⇔生産
- 承諾⇔拒絶
- 進行⇔停止
- 人工⇔天然
- 親密⇔疎遠
- 静止⇔運動
- 絶賛⇔酷評
- 絶対⇔相対
- 先天⇔後天

促進⇕抑制
損失⇕利益
妥結⇕決裂
多作⇕寡作
団体⇕個人
抽象⇕具体
直接⇕間接
統制⇕放任
特殊⇕一般
独創⇕模倣
鈍感⇕敏感
難解⇕平易
濃厚⇕希薄
能動⇕受動
派遣⇕召還
発生⇕消滅
反抗⇕服従
繁忙⇕閑散
否決⇕可決
被告⇕原告
否定⇕肯定

非凡⇕平凡
平等⇕差別
肥沃⇕不毛
普通⇕特殊
豊作⇕凶作
膨張⇕収縮
豊富⇕欠乏
暴落⇕高騰
保守⇕革新
密集⇕点在
未来⇕過去
無口⇕多弁
明示⇕暗示
明瞭⇕曖昧
野党⇕与党
落第⇕及第
楽観⇕悲観
理想⇕現実
理論⇕実践
和解⇕決裂
和合⇕離反

## 同音異義語

以外　範囲の外。
意外　考えていたことが実際と大きく異なること。

異議　違った意見。
異義　異なった意味。
意義　言葉の表す意味。物事の価値・重要性。

意思　考え、思い。
意志　意向。積極的な志。
遺志　故人が生前もっていた志。

異状　普通とは違った状態。多くが悪い状態に用いる。
異常　いつもと違うこと。
委譲　下級の者に任せること。
移譲　対等の者に譲ること。

一同　居合わせた者全部。みんな。
一堂　同じ場所。「一堂に会する」。

回答　質問・要求などへの返事。
解答　問題の答え。解決策。

過程　物事が進行するプロセス。
課程　ある期間内に終わらせなければならない学習や研究の内容。

鑑賞　芸術作品を味わうこと。
観賞　美しいものを見て楽しむこと。
観照　客観的に対象を眺めること。

気運　時勢のなりゆき。
機運　物事を成すのによい機会。

既成　すでにできあがって存在していること。
既製　商品などが前もってつくってあること。

規制　規則で物事を制限すること。
規正　規則に従い物事を正すこと。

奇知　奇抜な知恵。
機知　その場をつくろうためにとっさに出る知恵。機智とも書く。

更生　悪い状態から立ち直ること。
更正　正しいものに改めること。
厚生　生活を豊かにすること。
公正　偏りがなく、正当なこと。

公言　多数の人の前ではばかることなく言い切ること。
広言　自分の能力以上のことを言うこと。ホラをふくこと。
巧言　口先だけでうまく言うこと。
高言　いばって偉そうなことを言うこと。

制作　作品をつくること。
製作　道具や機械を使って物品をつくること。

清算　支払いなどを済ませ始末をつけること。
精算　金銭などを細かく計算すること。
成算　成功する見込み。

対象　働きかけの相手・目標。
対照　他と照らし合わせること。
対称　対応してつり合うこと。

体勢　体の構え、姿勢。
体制　仕組み、組織。
大勢　おおよその形勢。世の成り行き。
態勢　ある事態や状況に対する身構え。

追求　追い求めること。
追及　責任などを問いただすこと。
追究　不明なことを探究すること。

転化　他の状態に変わること。
転嫁　他人に押し付けること。

拝外　外国の人種・思想・事物を崇拝すること。
排外　外国の人種・思想・事物を嫌って排斥すること。

保障　権利や安全を守ること。
保証　大丈夫だと請け合うこと。
補償　損害を補いつぐなうこと。

満天　空いっぱい。
満点　欠点がないこと。

名利　世俗的な名声や利益。
冥利　人として最高の満足・幸福感。

民俗　民間の生活様式や風俗。
民族　人種や言語などの文化を共有する人の集団。

# 第4章

# 業界別・テーマ別
# 小論文・作文　文例

出題論文テーマ
就職活動で感じたこと

# 戦いを制するための努力が必要

内定 メーカー

❶私は就職活動には2つの戦いがあることを感じました。1つ目は学生同士の戦いです。各人がそれまでの人生を振り返り、今後の人生を決めていく1つの分岐点が就職活動であると考えています。しかし今までの人生でもそうであったように、自分の望みを叶える際には必ず競争に勝たなくてはいけません。学生同士が、自分の持つ人生の経験を持って戦うことが、就職活動だと思います。2つ目は企業同士の戦いです。組織とは個人の集合体であり、企業が利益を上げるためにはヒトという資本が必要です。将来的に他の企業に差をつけていくためには、この時期に質のよい人材を獲得していく必要があり、企業同士の戦いが行われているのだと考えました。

❷私は、就職活動は学校のテストなどのように、努力した分だけ成果が出るようなものではないと考えています。就職活動という戦いの中で、成果が出るかわからない本当の努力を行うことが、今後働くうえで必要であると感じております。

POINT
スムーズに結びへと導く工夫を

❶冒頭でまず「就職活動には2つの戦いがある」と書かれていて、全体の構成を把握できてわかりやすい。

❷前述した2つの戦いとのつながりがわかりにくい。「成果が出るかわからない本当の努力」など、重要な部分の説明をもっと丁寧にするとよい。

喜治先生の指南！

就職活動に2つの戦いがあることを説明している点はわかりやすいが、結論部分が唐突な印象を受ける。本論と結論が対応するようにしよう。

出題論文テーマ　生活の中の「こだわり」

# 向上心を持ち環境を改善

内定 メーカー

私が大事にしているこだわりは、向上心を持って自ら動くことです。用意された環境にただ染まるのではなく、常に問題意識を持ち、環境を変えていくように努めています。

3年間勤めたアルバイト先では、後輩である新人アルバイトに、より早く業務内容を覚えてもらいたいと思い、❶教育チェックシートというものをつくりました。これは仕事の進め方に加え、新人に必要な指導や新人の能力を効率よくベテランスタッフの間で共有するための道具でした。シートの作成により、新人のレベルに合わせたシフトを組み、各人に適した指導を行えるようになりました。結果として、新人がより働きやすい環境を提供でき、❷店舗に新人教育の重要性という価値を付加できたと自負しております。

以上のように、私は自分にしかできないことを常に考え、よりよい状況をつくっていくために行動しています。今後、働いていくうえでもこのこだわりを大事にしていきたいと考えております。

POINT
**読み手に疑問を感じさせない書き方をする**

❶ 「仕事の進め方」と「新人の能力を……共有する」が混在していて、教育チェックシートの内容がわかりにくい。

❷ 簡潔な表現に置き換えよう。「新人教育のあり方を改善できたと自負しております」など。

**喜治先生の指南！**

せっかくよい例を挙げているのに、読み手に引っかかりを感じさせてしまうのはもったいない。わかりやすくするためには、欲張らずに要素を絞り込むことも重要。

出題論文テーマ

# 仕事で大切にしたいこと

仕事をする上で大切だと思うこと

私が仕事をする上で大切だと思うことは、「常に相手の立場に立って考えること」と、「見えないところにこそ手を抜かないこと」の二点である。これらは、今年で四年目になる図書館司書としてのアルバイトの経験から学んだことである。

まず、「常に相手の立場に立って考えること」について述べる。カウンターで利用者から資料の検索を頼まれた際に、相手の要望を上手に汲むことができず、怒らせてしまったことがある。❶司書にとっては当たり前でも、利用者にとってはそうではない、ということは多々ある。そのような当然のことに、失敗をしてようやく気付かされたのだ。そこで相手の立場に立って、より丁寧なヒアリングを心がけた結果、当該資料を提供することができた。一度は怒らせてしまった方が、今では上述のようなレファレンスだけではなく、ちょっとした調べものも任せてくれるようになった。そこで「常に相手の立場に立って考えること」の大切さを、身をもって学んだのである。

次に、「見えないところにこそ手を抜かないこと」について述べる。図書館業務では、帳票類や図書資料に貼付するラベルなど、細かな備品の補充を心がけていた。また、書架整理のついでに、状態の悪い本を積極的に抜き出すようにしてい

❶ 具体的な例を挙げてみよう。例えばこの一文の前に「司書として専門的な用語を使用して質問をすると、相手はその質問の意味がわからず「なんとなく」答えてしまう。そして、「なんとなく」答えてしまったとは気付かずに、その答えを前提に検索をしてしまったことがある。」など。

た。教育実習で長くアルバイトを休み、久しぶりに出勤した際に、他の職員から「あなたがいないとき、あなたのありがたみがわかった」、という言葉をもらった。どんなに地道な作業であっても、誰かの役には立っているし、それが住民全体の利益につながっている、という意識を持つことができた。そこで「見えないところにこそ手を抜かないこと」と同時に、「利用者はもちろん、他の職員の立場にも立って考え、行動すること」の大切さも実感したのである。

以上、私が仕事をする上で大切だと思うこととして、「常に相手の立場に立って考えること」、「見えないところにこそ手を抜かないこと」の二点を挙げ、詳述した。採用された暁にはこの二点を念頭に置いて、仕事上関わるすべての人の立場に立って考え、行動することを心がけたい。また、すべての業務が社会全体の利益につながっているという意識の下、全力で取り組みたい。

POINT

**具体例を引いたうまい自己PRができている**

**喜治先生の指南!**

具体的な経験に基づき述べられていて、文章の構成もしっかりと考えられており、とてもよい文章。内容的にも自身のアピールがしっかりできており、読み手によい印象を与えることができる。

❷ とてもいい話で、あなた自身のアピールになっている。ただ「人柄や仕事への姿勢の見えないところにこそ手を抜かない」というより「どんな仕事も手を抜かずにしっかりとやる」の方がなおよい。「見えないから手を抜いてしまおうと思うこともあったけれど、抜かなくてよかった」という話の流れではないからだ。

出題論文テーマ
公務員になって実現したいこと

# 福祉と教育の環境整備

内定 公務員

❶私が公務員を志望した理由は2つあります。まず1つは、私は幼いころから祖父母と同居していることや、中学生のころに毎月老人ホームを訪問して、お年寄りの方たちと交流するというボランティアを続けていたことから、福祉に関する仕事に興味を持ったことです。福祉に関する仕事の中でも、特に高齢者世帯への支援や、地域の方と協力して高齢者を見守っていくような地域づくりに携わりたいと考えています。私は現在も祖父母と同居しているため、高齢者が生活の中で不安を感じていることや、❷高齢化につれて変化していったことを実際に見てきました。この経験から、私は高齢者が生き生きと安心して暮らせる環境をつくっていきたいと思いました。また、これからは高齢者が高齢者を支えていく時代でもあります。そこで、高齢者も社会貢献ができるような仕組みを設け、積極的に社会参加できるような環境をつくっていきたいです。

私が公務員を志望する2つ目の理由は、将来を担う子どもたちが、物事に一生懸命に取り組める場や他人から評価される場をつくりたいと思ったことです。❸私は子どものころに地域が主催する水泳大会や席書会に参加し、そこで評価されたことが自信につながり、今の自分の大きな糧となりました。この経験は私に何事

❶志望理由ではなく、出題テーマである「入社して実現したいこと」を初めに列挙していこう。

❷祖父母と同居していることで、高齢化によるどのような変化を知ることができたのか、せっかくの実体験なのでもっと具体的に書くとよい。

❸体験談がとてもよい。こういう素朴な体験談がキラリと光る要素となる。

も最後まで諦めないことの大切さや、努力して達成できたときの喜びを教えてくれました。そこで、多くの子どもたちにも私と同じような経験をしてほしいと思い、今度は私が頑張る子どもたちを支えていきたいと思いました。また、このような地域の行事は家庭や学校では学べないことを私に教えてくれました。例えば、普段関わることのない地域の大人や他の小学校の子どもたちとの交流です。私は子どものころにいろんな人と触れ合うことで、自然に人との接し方を身に付けることができたと思っています。子どものころに経験したことは、意外と大人になっても忘れないものです。私はたくさんの子どもたちにいろんな経験をして、さまざまなことを感じてほしいと思っています。そのためには、まず地域が子どもたちに活躍の場を与える必要があると思います。私は次世代を担う子どもたちを地域全体で育てていくような地域をつくっていきたいです。

以上のように、私は公務員として高齢者福祉と子どもの教育面に力を入れていきたいと考えています。この思いを実現できるよう、日々努力していきたいです。

POINT

**テーマの内容を把握して文章を構成する**

❹ 小論文では話し言葉を使用しない。

**喜治先生の指南！**

出題テーマに沿って構成を考えよう。まず実現したいことを説明し、その次に、実現したい理由や体験談を肉付けしていくとよい。

出題論文テーマ 友人

# SNSによる友達付き合いの変化

最近レストランや喫茶店で食事をしていると、カメラのシャッター音が聞こえてくることがある。おいしそうな料理やかわいいスイーツは、食べる前にまず写真。このような習慣がある人が増えているからだろう。❶高画質の写真を撮影できるスマートフォンが普及してきたため、以前にもまして写真を撮る機会が増えたのではないだろうか。さらにネット上で日記や写真を公開できるSNSが浸透し、自分の撮った写真を披露する場ができたことも大きな理由の1つだろう。私の友人にも、SNSで日常の写真を公開して日記をつけている人が多い。あまり会えない遠方の友人でも、その人の日常を知ることができる。SNSのおかげで、卒業や留学のために当分会えないと思っていた友人を身近に感じられるようになった。

このように、SNSの恩恵を私は日常的に受けている。だが一方で、SNSの登場により、❷よくないと感じることも増えてきている。

私の高校時代の友人が、アメリカでの長期留学から一時帰国したときのことだ。他の友人も誘い、海辺にある小ぎれいなカフェで彼女と会うことになった。他の客がほとんどいなかったこともあり、私たちはリラックスして非常に話は盛

❶ SNSの話の導入としては違和感がある。スマートフォンが高画質の写真を撮影できることとはつながらないので削除してよい。

❷ この導入だといくつか「よくないこと」が示されるように思わせる。今回のテーマ「実際に過ごす時間を大切にすること」につながる

り上がった。だが料理が運ばれるたびに写真を撮り合い、話を中断してスマホの画面に目を落とす。

「背景に高速道路が写ってるから、ちょっと右に移動して。」

「よく撮れた写真はSNSに載せておくね。」

今振り返ると、そのような会話が多かった。❸その場にいるときは楽しかったが、帰宅してから私は空しくなった。せっかく1年ぶりに会ったにもかかわらず、そのひとときを素敵な思い出として保存することに夢中になっていた。他の友人に見せるために思い出を写真に残そうとするより、私は友人と一緒に過ごすひとときをもっと大切にすべきだったと後悔した。

友人と撮った素敵な写真があると、実際に素敵な時間を過ごした気分になる。ゆえに友人と楽しく過ごした証拠をつくるために、素敵な写真を撮ろうとするという本末転倒が起きるのだろう。また、SNSで遠方の友人を常に身近に感じられるようになったため、私たちは実際に一緒に過ごす時間をあまり大切にしなくなったのかもしれない。だが、写真に残したり誰かに見せたりするために友人と時間を過ごしたいのではない。これからは実際に過ごす時間を大切にし、写真に写さない部分も楽しむことを忘れないようにしたい。

POINT

**書きたいテーマと導入部がつながるように**

導入の方がよい。

❸ 着眼点はとてもよい。直前の写真を撮る話との対比でキラリと光る。ただ、「空しく」感じた気持ちを、なぜそう感じてしまったのか、もう少し具体的に説明できるとよりよかった。

**喜治先生の指南！**

前半と後半で対比されていて、とてもいいストーリーになっている。最後の「実際に過ごす時間を大切に」するために、何かしら心がける具体案があると、さらによくなる。

出題論文テーマ　憧れの人

# 行動的で頼りになる友人

私の憧れの人は、大学時代の友人です。私が彼女に憧れるのは、彼女は私が持っていないものを持っているからです。

❶まず彼女は、何事も怖がらずにチャレンジすることができます。実際に、彼女は語学を学ぶために、1人で南米へ行った経験もあります。私は初め彼女が1人で南米へ行くと聞いた時はとても驚きましたが、私にはそのような勇気がないので、彼女の行動力がとても羨ましく感じました。❷また、彼女はそのチャレンジ精神旺盛な性格から、人前でパフォーマンスを披露することにも長けていました。彼女は大学時代にパントマイムのサークルに所属し、毎年学園祭では何百人という大勢の観客の前でパントマイムを披露していました。彼女は大学に入る前までパントマイムには全く興味がなかったそうですが、大学に入ってパントマイムサークルに出合い、これまで経験したことのないパントマイムに挑戦してみたいと思ったそうです。私は彼女のパントマイムを何度か見たことがありますが、その堂々とした演技には、いつも感動させられます。そして、パントマイムを通して見ている人を幸せにできる彼女は、本当に凄いと感じています。

次に彼女は、交友関係が広く、誰からも頼られる存在であります。彼女は非常

❶ 憧れの人のよいところを具体例とともに1つずつ挙げているのはとても読みやすい。

❷ 説明が長すぎる。パフォーマンスを披露して人々を感動させる点に絞って経緯をまとめよう。

に温厚で、たくさんの人に好かれています。しかしただ温厚であるだけではなく、自分の意見をしっかりと持っているので、人に流されることはありません。このような彼女の性格から、彼女はいろいろな人から相談をされたり、アドバイスを求められたりしています。私も悩みがあるときに真っ先に相談するのは彼女です。彼女は私の話を聞いてくれるだけでなく、いつも的確な指摘をしてくれるので、私は彼女に助けられることが多いです。そんな彼女に比べて、私は少し引っ込み思案で人の意見に左右されやすい部分があるので、彼女のような頼りがいがあって芯のある存在にとても憧れます。❸この彼女の人柄が、自然と交友関係をも広げているのだと思います。

このように、彼女は私が持っていない優れた能力をたくさん持っています。私は彼女が友人であることをとても誇りに思っていますし、彼女からさらに多くのことを学びたいと考えています。これからも彼女との友情を大切にして、彼女のよいところをもっと見つけていきたいと思います。

POINT

## 自己PRに結び付く構成を考える

❸「芯のある存在にとても憧れる」と感想を述べた後に、彼女の人柄に関する説明が再び登場している。この段落の前半部分にまとめよう。

**喜治先生の指南！**

憧れの人をいくつかの視点から紹介できており、とてもよい文章だ。ただ、就職試験なのでその人からどのような影響を受けたのか、また、その人のお陰で自分がどう成長できたのかなどを説明し、自己PRしよう。

出題論文テーマ 家族

# 家族の「老い」を考える

内定 生保

❶私の祖母は今年で90歳になる。若いころは小学校の先生として働き、最近までは地域の会合などにも積極的に参加していた活動的な人だ。20年前に祖父を亡くして一人暮らしになってからも、健康に過ごしていた。だが何年か前から、物忘れが激しくなったり近所の道で迷ったりするようになったという。母が心配して祖母に会いに行くようになったが、遠方のため頻繁には行くことができない。

「何も起きないといいんだけどねえ」

私も含め、家族の中ではそこまで重大事とは思っていなかった。だが最近になり、ついに問題が発生してしまった。玄関で転び、そのまま動けなくなっていたのだ。近所の人が気づいて事なきを得たものの、両親は祖母の一人暮らしに限界を感じたようだった。両親は話し合った結果、祖母に老人ホームへの入居を勧めた。だが祖母は、今の家を離れることが不安だから嫌だと言ったそうだ。そして、自分はまだ1人で暮らせると言っていたそうだ。

結局両親もそれ以上強くは言えず、入居の話は棚上げとなった。その一部始終を私に教えてくれた時、母は最後に

「もっと早くから話し合っておけばねえ」

❶祖母についての簡潔な説明は文章力を感じさせる。

❷「めでたいはずの」というの

とつぶやいていた。

今、我が家と同じ状況にある家族は多いのではないだろうか。身近な人の老いを認めたくない、まだ先の話だから関係ない。そんな理由で問題を先送りして、今困っている人は少なくないと思う。認知症になったらどうするか、寝たきりになったらどう世話していくのかなど、話しづらい問題について早めに準備しておかなければ、❷本来めでたいはずの長寿は❸単なるリスクになってしまう。

日本は世界有数の長寿国だ。そのため一生のうち老いと向き合わねばならない期間は長い。今回の経験を通して私は、その長い期間を❹本人も家族も安心して過ごすためには、早めに話し合うことが欠かせないと思った。確かに本人に向かって死や老いに関する話をするのは気が引けるかもしれない。だが最近では、老後や死に備える「終活」が話題になり、定着してきた。これは普段なら話題にしづらい死や老いについて話す、よいきっかけとなるのではないだろうか。「終活」という言葉のおかげで、臨終について前向きに語り合いやすくなると思う。そうすれば、きちんと死や老いへの準備ができ、本人も家族も不安なく前向きに長生きすることができるだろう。

POINT

**導入部を圧縮し主張の部分を充実させる**

は少し乱暴。「喜ばしいはずの」などとするとよい。

❸「単なるリスク」というフレーズはわかりにくい。

❹話し合うことでどう解決しうるのか、そもそも話し合えるのかなど、もう一歩考えてみるとさらによくなる。

**喜治先生の指南！**

自身の家族の具体例から考察を展開しているのは好印象。ただ、全体のバランスとして、前半部分の例が長すぎる。制限字数も意識して、導入部分の例は3分の1くらいに収めて、後半の主張部分を充実させよう。

出題論文テーマ 好きな言葉

# やればできる

❶私の好きな言葉は「やればできる」です。この言葉は私が小学生の時に、担任の先生がいつも言っていた言葉です。私はこれまでさまざまな困難にぶつかるたびに、この言葉を思い出し、乗り越えることができました。小学生のころにこの言葉に出会っていたからこそ、今の自分に最後まで諦めないという粘り強さが身に付いたのではないかと感じています。

私が「やればできる」という言葉の意味を一番実感したのは、小学6年生の時です。区が主催する席書会に、私が学校代表として参加することになりました。代表に選ばれたことはとても嬉しかったのですが、私はこれまで書道をきちんと習った経験がなかったので、自分の能力にとても不安を感じていたとともに、書道を習っている人にはかなわないだろうという諦めのような気持ちもありました。そんな私を、書道のプロであった当時の教頭先生が指導してくれることになり、席書会へ向けて特訓が始まりました。私は毎日放課後になると、教頭先生と2人で一文字ずつ何度も練習をしました。私の文字は、形に独特の癖があったため、癖を直すのにとても時間がかかりました。小学生の私には、何度も同じ文字を書いて練習することはとても苦痛で、いつも途中で投げ出したいと感じていま

❶冒頭で好きな言葉を紹介し、その言葉のお陰で粘り強さが身に付いたことが簡潔に書かれていて、わかりやすい。

した。しかし、そんな時にふと思い出したのが担任の先生がいつも言っていた「やればできる」という言葉でした。この言葉を思い出した時、何も努力せずに途中で諦めて後悔するより、できることはやろうという気持ちが湧いてきました。こうして席書会まで毎日練習を続け、特訓が終わるころには200枚以上の作品を書き上げていました。

席書会当日は、これまでの練習が自信につながり、緊張することなく作品を書き上げることができました。❷自分でも満足のいく作品を仕上げることができ、今までの練習は無駄ではなかったという達成感を味わうこともできました。さらに、頑張ったかいあって、なんと私の作品は、席書会で一番よい区長賞を受賞することもできたのです。これには教頭先生や担任の先生もとても喜んでくれ、私も本当に挑戦してよかったとあらためて感じました。

❸この経験は今でも私の中に強く残っており、最後まで諦めずに努力することの大切さを教えてくれました。また、「やればできる」という言葉の意味を身をもって体験することができ、以来、この言葉は私の大きな支えになっています。

POINT

## 現実味のある描写を取り入れポイントアップ

❷ 何という文字を書いたのかなど、具体的な説明を入れると、よりリアリティが出て読み手を惹きつける。

❸ この経験で得たものを今後どう生かしたいかなど、今後の展望も加えたい。

**喜治先生の指南！**

「やればできる」という言葉を好きになった経緯や、そこから得られた経験などがわかりやすく書かれている。ただ、淡々と時系列でエピソードを述べるだけでなく、アクセントとして会話文を入れるなどすると、よりよい。

出題論文テーマ　座右の銘

# 母からもらった大切な言葉

❶「ありがとうは笑顔で」。これは私がいつも大切にしている言葉であり、幼いころから母に何度も言われた言葉である。父の仕事の関係で、海外と日本の2つの国の大学講師をし、国籍を問わず多くの若者と触れ合う機会が多かった母は、この言葉の大切さを感じたのだという。「ありがとうは笑顔でなんて、当たり前のことだと思うかもしれないけど、日本では意外にもできない人が多いのよ」と母はよく言っていた。❷また、私は幼いころ口数が少なく人見知りであったため、そのような性格を直し、お礼ぐらいはちゃんと言える子どもになるよう、母はこの言葉を繰り返していたと考えていた。

❸しかし、時を経るにつれて、この言葉の意味はそれだけではないのだと感じるようになった。まず、❹ありがとうを笑顔で言うと自然と相手の目を見る。そしてそれは、相手の表情を見て会話をすることにつながる。目を見て会話することで気持ちを感じ取り、相手を思いやることができるようになる。これはコミュニケーションの基本である。次に、相手の目を見て笑顔でお礼を言うと、「あなたのしてくれたこと一つひとつに本当に感謝している」ということを相手に伝えることができる。よく無愛想に流れ作業のようにお礼を言う人がいるが、それでは感

❶ 冒頭に座右の銘を置いていて、書き出しが印象的でよい。

❷ この一文は長くて意味が取りにくいので二文に分けよう。

❸ そう感じるようになったきっかけや座右の銘を実践したエピソードなどを、少しでも盛り込めると、よりリアリティがでる。

❹ 「ありがとうを笑顔で」の意味が詳細に説明されていてとてもよい。文章としても流れがあってよい。

謝の気持ちは伝わりにくい。たとえ形式的にお礼を言う場面であっても、眉間にしわを寄せていたり無愛想なお礼では、不快に感じさせてしまう場合もある。せっかくお礼を言うならば、感謝の気持ちはしっかり十分に伝えるべきである。

❺このような意味を意識しつつ「ありがとうは笑顔で」を意識的に行ってきた結果、接客のアルバイト先においても、まず笑顔を褒められるようになった。相手の目を見て話すことも感謝の気持ちを伝えることも、当たり前のことではあるけれど、日常生活においてふと忘れてしまうこともある。だからこそ、私はこれからもこの言葉を常に心にとどめ、大切にしていきたいと考える。

POINT

**エピソードを盛り込み、よりわかりやすく**

**喜治先生の指南！**

「ありがとうは笑顔で」という言葉を、自分なりに理解し大切にしていることがよく伝わってくる。最後のまとめもとてもよい。

❺ 座右の銘を実践した結果、他者から客観的な評価を得られたことがわかってよい。

出題論文テーマ　私の学生生活

# 学生生活で得たもの

私には、大学時代に力を入れて取り組んだことが2つあります。まず1つは、サークル活動です。私はイルミネーションサークルに所属し、毎年大学構内の木を装飾する活動や、大学周辺の商店街の方たちと協力して、冬の街をイルミネーションで装飾し、地域活性化を図るという活動を続けてきました。❶装飾活動はグループに分かれて行うことが多かったため、しばしばメンバー同士の対立が起き、さまざまな意見を1つにまとめることが大変でした。しかしそのようなときは、先輩後輩関係なく、メンバー全員が自分の思っていることを素直に話し、みんなで妥協できる点を探して、意見の調整を図りました。このように、ときには困難にぶつかることもありましたが、チーム一丸となって、またサークル全体として、地域の方や学生の皆さんに喜んでもらえるような作品をつくるという目標に向かって努力しました。私はこの経験を通して、みんなで1つの目標を目指し達成していくことの素晴らしさや、地域に貢献することへのやりがいを感じることができました。

2つ目はアルバイトです。私は洋菓子店で2年間接客のアルバイトをしていました。❷私が働いていたお店はテレビで紹介されるほどの人気店だったため、毎日

❶ どのような対立が起き、どのように意見を調整していったのか具体的によくわからないため印象に残りにくい。

❷ チームワークが重要だったため、仕事外でもコミュニケーションを取ってすぐに助け合える関係を築いた、という記述は「課題に気づいてそれを改善していった」という流れが具体的に示されていてよい。

とても忙しく、一緒に働いている人とのチームワークが非常に大切でした。そこで、私は他のアルバイトの人と仕事以外の時間にも積極的にコミュニケーションを取るように心がけ、一人ひとりが自分の仕事をきちんとこなすだけでなく、何かあったときにはすぐに助け合えるような関係を築きました。また、このアルバイトを続けていく中で、与えられた仕事だけをこなすのではなく、常に先を見据えて次の行動を予測しながら働くことの大切さにも気づくことができました。この他にも、私は接客のアルバイト経験を通して、初対面の人であっても臆することなく接することができるようになりました。大学2年生のときに、3週間の語学研修で台湾を訪れた際には、この長所を生かして、現地の人に自分から話しかけ、語学を習得するだけでなく、台湾人の友人をつくることもできました。その友人とは今でも交流が続いています。

❸私はこれらの経験から、とても充実した大学生活を送ることができたと感じています。今後も常に目標を持ち、さまざまなことに挑戦していきたいと思います。そして大学時代に得られたこの貴重な経験を生かしながら、さらに成長できるよう努力していきたいです。

POINT

**エピソードから得たものを具体的に書く**

❸ 漠然とした内容。せっかくこれまで述べてきたサークルとアルバイトで得た経験をどう生かして成長したいのかを具体的に書くとよい。

**喜治先生の指南！**

多くの就職活動生がサークルやアルバイトのエピソードを書いてくる。ありきたりの文章にしないためには、そのとき自分が何に気付いたのか、どう行動したのか、どう考えたのかなど、自分のことをアピールする内容を具体的に書くとよい。

出題論文テーマ 学生時代に頑張ったこと

# 人とのつながりの大切さ

❶私の持ち味は、「現状に満足せず、常に上を目指して努力する性格」です。そのような性格を持って私が学生時代に頑張ってきたことは、戦後日本の広告発達史を学んだゼミ活動と、所属していたサークルの幹事長を務めたことです。❷まずは、ゼミ活動についてお話しさせていただきます。

私はメディア・ジャーナリズム史をテーマにしたゼミに所属し、戦後日本の広告発達史を学ぶために、電通などの広告会社ＯＢの方にインタビュー形式の聞き取り調査を行いました。文献にはない独自の情報を手に入れることを目標とし、「質問項目リストの作成」と「シミュレーション練習の開催」という2点の工夫を行いました。これにより、会話の軸を明確にしながらインタビューを進めることができ、広告会社の役割の変遷を考察することができました。

続いて、サークル活動についてお話しさせていただきます。私のサークルは、結婚式やテレビ番組などいろいろな場所で、オリジナルのパフォーマンスを披露し、場を盛り上げることを目的としたサークルです。約40年の歴史を誇り、そのパフォーマンスを通して人々に幸せを提供し、自分たちも一体となって楽しむということを目標として活動してきました。私はサークル幹事長として、パフォー

❶ 冒頭に自分の持ち味を置くことで、書き出しが印象的になっていてよい。

❷ 段落のつなげ方が不自然で字数がもったいない。「まずゼミ活動では、戦後日本の広告発達史を学ぶために〜行いました。」のように、まとめてもよい。

マンス依頼の渉外活動や内部の環境づくりを先頭に立って行ってきました。観客に最高の幸せを提供するために、依頼者との顔を合わせた打ち合わせを必ず行い、ニーズに沿った演目を提案するよう努めました。❸メンバーに対しては、どんな困難な依頼に対しても全力で行う姿勢を徹底させてきました。

以上のように、常に向上心を持って努力し、ゼミやサークルの活動を行うことにより、❹人とのつながりの大切さを学ぶことができました。

POINT

**簡潔な表現でわかりやすい文章に**

**喜治先生の指南！**

冒頭の書き出しと結論を対応させよう。また、限られた字数の中でより多くの自己PRや経験談を入れるために、段落のつなぎはできるだけ簡潔な表現を心がけよう。

❸ どのように徹底させたのかよくわからないので、具体的な説明があるとよい。もしくはサークルについては渉外活動の話に的を絞るのもよい。

❹ 前述した内容との関連がよくわからず、唐突な印象を受ける。冒頭で述べた持ち味について触れて、結論をまとめよう。

出題論文テーマ ▶ 学生時代に頑張ったこと

# 私を変えた出会い

内定 公務員

私を変えた出会いは、アルバイト先の子どもたちとの出会いである。❶私は、学習塾のアルバイトを夏から始めた。子どもたちの前で授業をすることが仕事ではあるが、決して簡単な仕事とは言えなかった。私の任されたクラスの子どもたちは、ちゃんと椅子に座って授業ができない子どもが大半を占めていた。「先生の授業はつまらない」「すぐ怒る」など、子どもは正直に発言をする。自分は授業の準備を一生懸命して頑張って教えているつもりなのに、と落胆することが多かった。塾の中でも、私の授業は評判が悪かった。「教えていることが難しすぎる」「厳しすぎる」といった意見が多かった。その原因は、自分でもよくわかっていた。私は自分の幼いころと、担当している子どもたちを知らず知らずのうちに重ねていたのだ。

❷私は幼いころ、家に帰ったら宿題をするのが当たり前で、その後は習い事、家事手伝いをするという厳しい家庭だった。だから、「宿題をしないこと」や「授業を聞かないこと」が最初信じられず、なぜこの子たちはちゃんと頑張らないのか、と怒りすらこみ上げてくるほどであった。

そんなことを考えていると、自分は理解の狭い人間なのだ、立場の違う子ども

❶ 冒頭が冗漫な印象である。「学習塾では、落ち着きがなく思ったことをすぐ口に出す子どもたちに手を焼いていた。」などとコンパクトにまとめ、後半の見せ場に行数を割くのがよい。

❷ 文の主述がかみ合っていない。「私は」で始まるなら「〜で育った」と結ぶ。

❸❹ ここは、経験を通して自分を変えることができ、それを今後に生かしたいという

たちのことを受け入れることができない、自分こそまだ子どもなのだ、と自己嫌悪に陥るようになった。私は学習塾に向いていない、辞めてしまおうと思ったことが何回もあった。③しかし、一人の女子生徒の補習をみているとき、「先生は話が面白いから、好きだよ。私が高校生になっても、担当でいてほしいな」とその生徒がニコニコしながら話した。④私はその時、心が救われる思いだった。もう少し頑張って、こんなふうに生徒から必要とされる存在でいたいと思った。私は塾を「勉強するだけの場所」と思っていたが、違った。塾は子どもたちの生活の一部であり、ひとつの居場所である。そして、私の居場所でもある。私は子どもたちのことで苦しんでいたが、裏を返せば子どもの一言が私の希望になることもあるということに気がついた。困難な状況でも、見方を変えれば好転させることができる、という経験をこの学習塾ですることができた。

以後、私は授業を改良した。生徒と対話する授業を心がけ、生徒が心地良いと思えるような環境作りを考えた。今後、自分が苦手とする経験や仕事に遭遇しても、この学習塾での経験をもとに、ひとつの見方にとらわれずに取り組んでいきたいと考えている。

POINT

**体験をもとに成長する自分をアピールしている**

最大の見せ場である。

うまくいかずに自己嫌悪に陥っていた自分が、「ある女子生徒の一言に救われた」そして「塾は勉強の場であるだけでなく居場所の1つだと見方が変わった」という内容にそって改行する。

**喜治先生の指南！**

自分が変わり、成長したとてもいいエピソードだ。心の変化、そしてその変化が自分自身の行動を変えていく様子が上手に書けている。生徒からの言葉と「1つの居場所」であると気が付く部分のつながりを表現できればさらによかった。

出題論文テーマ　学生時代に熱中したこと

# パントマイムで知った表現の難しさ

❶私は大学時代にパントマイムサークルに所属していました。私とパントマイムとの出合いは、高校生の時に現在通っている大学の学園祭に行き、パントマイムを見たのが最初でした。初めは面白いサークルがあるのだなと思っただけでしたが、実際にこの大学に入学してパントマイムサークルの見学に行ったところ、パントマイムの魅力に取りつかれてしまい、４年間パントマイム漬けの日々を送ることになりました。４年間を振り返ると、辛いことも嬉しいこともありましたが、このサークルに所属していなければ、このようなさまざまな経験をすることはできなかったと思います。

私のサークルは他のサークルと少し異なり、誰でも所属することができたため、メンバーの年齢や職業もさまざまで、後輩が自分より20歳以上も年上ということも珍しくありませんでした。私は3年生の時にこのサークルの幹事長を務めることになりましたが、このようなサークルをまとめるのには苦労しました。❷特に、いろいろな人の価値観の違いを調整することがとても難しかったです。そこで、私はメンバー全員に困っていることはないかなどをこまめに聞くようにし、すべての人が気持ちよくパフォーマンスできるよう気を配りました。その結果、

❶ 導入が長い。パントマイムとの出合いなど、結論と直接は関係のない部分はコンパクトにまとめよう。

❷ 「価値観の違い」や「困っていること」について、もう少し具体的に言及するとよりよくなる。

メンバーたちが考えていることを理解できるようになり、サークルの運営がスムーズにいくようになりました。

サークルの運営以外にも、パントマイムによって表現することの難しさも学びました。パントマイムの面白さは、言葉を使わずに表現するところです。しかし、それは思った以上に大変で、どうやって表現すれば見ている人に伝わるのか非常に悩みました。そのため、稽古の時には必ず先輩に演技を見てもらい、アドバイスをもらったり、自分の演技をビデオカメラで撮影し、何度も見て確認するようにしました。こうした努力を積み重ねていくうちにだんだんと技術が上達し、公演ではソロでパフォーマンスをする機会を与えてもらえるようになりました。

私は、パントマイムサークルに入って表現することの大切さを学びました。パフォーマンスにおいてもそうですが、それ以外にもスタッフと交渉したり、キャストに自分が思っていることを伝えたりなど、③自分の思いを表現することは次の新しい一歩につながるということを実感しました。今後もこの大学生活で学んだことを生かしてさらに成長していきたいです。

POINT

**文章をスリム化し明確な結論で締める**

③ せっかくの結論が「次の新しい一歩につながる」など、あいまいな表現になっていてもったいない。

**喜治先生の指南！**

課題や困難にどのようにアプローチして解決していったのかが具体的に書かれてはいるが、もう少し掘り下げるとよりわかりやすい。そのエピソードから、どのようなことをアピールしたいのかあらかじめ明確にしておくと、導入と結論が書きやすくなる。

出題論文テーマ 壁に突き当たった経験

# 失敗から気づいた応対の仕方

現在、私はシニア向けパソコン教室のインストラクターのアルバイトをしています。約2年このアルバイトを続けていますが、始めたばかりのころはお客様の応対がうまくできず、失敗することばかりでした。例えばお客様の質問の意図がわからず見当はずれな説明をしてしまったり、知識不足でお客様から信頼してもらえなかったりすることがありました。❶そこで私はまず自分に足りない部分が何なのかを知るために、先輩インストラクターをよく観察することにしました。すると徐々にお客様がテキストを勉強していくうえで間違えやすいポイントがどこなのかがわかるようになりました。それにより、理解しにくい部分を整理して簡潔に説明するという点が私には欠けていたのだとわかりました。それまではお客様のわからなかったポイントを簡潔に説明するよりも、詳しく説明してばかりでした。その欠点を克服するために、間違えやすいポイントを整理して、一つひとつどう説明するかをあらかじめ❷シュミレーションするようにしました。すると自分流の説明の仕方を確立することができ、お客様の質問にスムーズに応対できるようになりました。

ですが、お客様の中にはテキスト通りに勉強を進めるだけではなく、「こういっ

❶ アルバイトを始めたころのうまくいかない現状の話から、改善へ向けての話に内容が変わるので、ここで改行しよう。

❷ シミュレーションの誤り。他に、コミュニケーション（×コミニュケーション）、フィーチャリング（×フューチャリング）など、

たものをつくるにはどうすればいいですか」と尋ねてくる方もいらっしゃいます。アルバイトを始めたばかりのころの私は、お客様のつくりたいもの、やりたいことの概要を聞き「私ならきっとこの方法を使うだろう」と考えて、説明していました。お客様から聞いた概要だけで判断し提案していたため、完成した時に「いや、こういうものがつくりたかったんじゃない」と言われてしまうことがありました。しかし、何度か失敗を繰り返すうちに、お客様自身も自分のつくりたいものがどういったものなのか、明確には決まっていないことが多いと気づきました。そのため、私はお客様のつくりたいものがどのようなものであるのかを徹底的に質問するように改めました。何のためにそれをつくるのか、いつまでにつくるのか、趣味としてなのか、仕事としてなのか、などを中心に確認するよう心がけました。また、お客様が使ったことのあるソフトなども聞き出すようにしました。

③このように改善したため、お客様の目的と本人のパソコンスキルに見合った、より適切な方法を提案できるようになりました。

POINT

**改行をうまく用いて読みやすい文章に**

間違えやすい外来語の使い方に気をつけよう。

③ エピソードの部分を少し削って、この経験からどのような力を身に付けたのか、今後それをどう生かしたいかなどについても触れるとよい。

**喜治先生の指南！**

論文やエントリーシートの形式にもよるが、話が変わったところで改行を入れよう。改行の少ない文章は読みにくい。見た目の読みやすさも重要だ。

出題論文テーマ　学生時代に乗り越えたこと

# 諦めずに努力して得たもの

私は小学校2年生の時から水泳を10年間続けてきました。幼いころ水が苦手だったので、水への恐怖心を克服するために近所のスイミングスクールに通い始めたことが、水泳を始めたきっかけです。スイミングスクールに通い始めた当初は、水に顔をつけるだけで精いっぱいでしたが、1年後には泳げるようになり、ある日コーチから選手育成コースに移らないかという誘いを受け、競技としての水泳に取り組むことになりました。しかし、競泳の練習は予想していた以上に辛く、何度も水泳をやめたいと思うようになりました。❶そのたびにライバルでもあるチームメイトたちに励まされ、諦めずに常に目標を持って、一つひとつの練習を大切に取り組むことが大事だということに気づきました。

高校生になり、学校の水泳部に所属すると、私の競泳人生はがらりと変化しました。❷これまではスイミングスクールに通い、幼なじみのような仲間たちと、水泳の技術面だけを考えて生活していましたが、高校の部活動では技術の上達だけでなく、集団で行動する能力や組織をまとめていく能力も求められるようになりました。入部当初は、この新しい環境になかなかなじむことができず、水泳部の中に自分の居場所がないと感じることもありました。この悩みは競技にも悪影響

❶ チームメイトたちに励まされたことで、諦めないことや大切に練習に取り組む重要性に気付いた結果、どうなったのかまで触れると、よりよくなる。

❷ 一文が長い。「～生活していました。しかし、高校の部活動～」というように区切るとよい。基本的に1つ

を与え、この時期は成績も伸びませんでした。
　そこで、まず自分がこのチームの中で何か貢献できることはないか探すことにしました。私は水泳部の中でも水泳をやってきた期間が一番長く、競技会に出場した経験も多い方でした。チームメイトには水泳未経験者もいたので、技術面でのアドバイスや競技会の流れなどを伝えることが私にはできると考えました。そして、積極的にチームメイトたちとコミュニケーションを図ることを心がけました。また、チーム内での先輩の行動を観察し、よいと感じたものはすべて自分の行動の中に取り入れました。その結果、与えられた仕事をこなすだけでなく、常に先を見据え、相手のことを考えて行動することが大切だということに気づきました。部活動の中での自分の役割を見つめ直すことによって、チームメイトたちと互いに支え合えるような関係を築くことができ、水泳の技術面においても、都大会で入賞できるまでの実力をつけることができました。
　この経験から、❸何事も最後まで諦めずに努力し目標を達成できた時の喜びや、相手を思いやることの大切さを学ぶことができました。

POINT

## 1つの文に言いたいことは1つが基本

の文に言いたいことは1つ。

❸ この結論がどのエピソードから得られたのかあいまい。①の部分をより具体的に書けば、この結論が生きてくるはずである。

**喜治先生の指南！**

エピソードとの関係があいまいだと、結論の説得力がなくなってしまう。本論と結論の対応関係を意識して、エピソードを書こう。また、1つの文で言いたいことは1つに絞ると読みやすい文章になる。

出題論文テーマ　困難を乗り越えた経験

# アドバイスで気づいた独り相撲

私は大学時代、子どもたちと遊ぶことがテーマのサークルに所属していました。3年次にはキャンプ行事のリーダーを任されました。リーダーを任された以上、自分が一から十まできちんと計画を立て、そしてメンバーに指示を出して、それぞれに動いてもらわなければならないと必死で取り組みました。自分なりに一生懸命考え、昨年よりもいいキャンプを目指そうと新しいアイデアをいろいろと提案したのですが、「なぜ変えるのか？　昨年までと同じやり方でいいではないか？」「そういう変更をして保護者の方々への説明はどうするのか？」❶などなど、メンバーからは否定的な意見ばかり出てきました。私としては新しい自分たちなりのキャンプがしたいと思って提案したのだからと、強引に自分の案を通してしまいました。

しかし、結果としてはメンバーの中に不満が残ってしまい、以降の活動がうまく進まなくなる事態になってしまいました。❷自分としては、絶対このプランの方が楽しいキャンプになるし、子どもたちにも昨年よりももっとたくさんの経験をしてもらえると自信を持っていたので、何も提案もしないで、ケチばかりつけてひどい仲間だと憤慨していたのですが、メンバーの協力が得られなければキャン

❶ くだけた言葉を使うのは避けよう。ここは「などと」とするとよい。後ろから3行目「逆に」も同様。ここは「また逆に」を削除してよい。

❷ 一文が長い。この文なら3つに分けよう。

❸ 大成功の具体的な内容に触れられるとよりよい。参加

プを成功させることはできません。もう昨年までと同じやり方に戻して、とにかくキャンプだけはやるしかないと考え始めたころ、メンバーの1人から、「リーダーの熱意はよくわかるし、自分たちも昨年より自分たちの代のキャンプをよりよくしたい気持ちはあると思う。もう一度きちんとメンバーに説明すべきだし、みんなが指摘してくれる問題点を一緒になって考えることが重要だ」とアドバイスをもらいました。それまで自分で何でもやらなければと肩に力が入りすぎていたために、仲間の声が耳に入っていなかったことに気がつきました。自分のわからない点は一緒にアイデアを出してほしいと言うと、メンバーからもいろいろな意見が出てくるようになりました。❸結果、メンバー全体が取り組むイベントとなり、大成功を収めることができました。

❹メンバーの1人がくれた「きちんと説明していない」というアドバイスがきっかけで、もう一度仲間に自分の思いを伝えることができ、また逆に仲間の意見をきちんと聞くことができていなかった自分を反省することができました。お陰で、メンバーとの協力関係、コミュニケーションが戻ったと思います。

POINT

**具体的な記述を入れてしっかりと自己PRを**

人数が増えた、子どもや保護者からの評判がよかった、など。

❹アドバイスをきっかけにどのようなことを学んだのか書こう。「協力関係、コミュニケーションが戻った」では、自己PRとしてはあいまい。

**喜治先生の指南！**

メンバーの協力を得られずもがいている様子はリアリティがあって印象に残る。ただ、アドバイスをきっかけに改善したこと、学んだことが詳しく書かれていないのは残念。そこをしっかり書いて自己PRしよう。

出題論文テーマ　困難を乗り越えた経験

# 私が一番力を入れてきたこと

私は一時期、ある法案策定に関わる会にボランティア・スタッフとして所属していた。きっかけは、大学での研究テーマが法案の内容と近かったためである。会の主な構成員はＮＰＯ法人や当事者団体の代表者、弁護士などである。学生である私は、彼らが会議で決定したことを資料にまとめたり、会議日程の調整をしたりという、補助業務を主に務めていた。ときには法案やロビー活動等について意見を聞かれることもあった。しかし、私に比べて圧倒的に経験の多い大人たちを前に、自信を持って発言することはできずにいた。そもそも、私は自分に自信を持てた経験などほとんどなかった。

ところが、あるとき転機が訪れた。法案についてより理解を広めるために、学生向けのイベントを私主導で行うことが決定したのである。[1]私が主導する理由は、学生主体で行っているように社会に向けてアピールするためであった。私は、それまで人をまとめるような経験はあまりなかったため、相当に不安であった。しかし、責任感は人一倍強いため、任されたからには絶対に成功させなければならないと思った。[2]まずは会場をおさえて、イベントの進行を考えて、ポスターやパンフレットを準備した。それでも仕事はまだまだあり、とうてい終わる気がし

**1** 「私が主導で」というよりも「私がリーダー役を任された」くらいがいい。

**2** 「人をまとめる」ことに自信がなかったという点を受けて、それをどう克服したか、例を書くとよい。例えば、「会場を押さえる

なかった。参加者が集まるだろうかという不安にも毎夜襲われた。イベント直前期には徹夜も続いた。そうしてイベント当日を迎えると、驚くことに会場は満員になった。政治的テーマについてのイベントにもかかわらず、学生も多く集まってくれた。イベントは大成功に終わり、法案の制定にいっそうの弾みがついたと、所属する会の人々からも大変に評価された。その日出席していた国会議員からも、「重要な仕事をしてくれてありがとう」などと声をかけられた。

このイベントがきっかけで、私は少し自信を持てるようになった。その後はいっそうスタッフとしての仕事に積極的に関わるようになったし、会議でも発言できるようになった。臆せず周りの人たちに相談しながらとにかく行動することで、自分の幅を広げることができ、自信も持てるようになった。自分にはリーダーの経験はないから無理ですと断っていたら、自信をつけるどころか、いつまでもリーダー的役割から逃げ回る人生になっていたかもしれない。失敗を恐れずに、とにかくチャレンジして行動に移すことが大切であると学んだ。

POINT

**自分の挑戦、成功体験をうまく使う**

こと、ポスターやパンフレットの準備など仕事はたくさんあり、自分一人ではとうてい手が回らない。自分で全部やるのではなく仲間に手伝ってもらい、動いてもらわないといけない。最初は「人をまとめる」ことに自信はなかったが、それも1つの役割だと思い、仲間に相談をしながらやりきった。」

**喜治先生の指南！**

具体的な例を出して、不安を持ちつつも責任感を持って頑張った仕事に取り組めたこと、そしてそこから学んだことをうまく書けている。

出題論文テーマ 自己PR

# 第一印象と本当の自分

一見すると優しい柔和な顔つき、そしてゆっくりと優しいトーンの声で話す私は、優しい人と第一印象を持たれることが多い。その点はとてもいいところではあるのだが、時に「インパクトがない」「強さが感じられない」などという表現をされることもある。これらの表現からはどうも、優しいだけで優柔不断な人とか、決断力がないなど否定的なニュアンスを感じる。

❶自分自身が考える自分は、かなり激しく、誰が何と言おうがおかしいものはおかしいし、やるべきことは徹底してやるタイプだと思うので、先のような「優しいだけで、大したことのない奴」的な言われ方をすることは心外である。

とはいうものの、人からそのように見られていることも事実である以上、その原因はどこにあるのかを悩んだこともある。

いろいろと自分なりに考えたり、「インパクトがある」といわれる人を観察したりしてみましたが、結論としては、そういったことも含めて自分自身の個性であり、無理して誰かの真似をする必要はないと思うようになった。そういう気持ちになると不思議なもので、相手に優しいという第一印象を持ってもらえることで、相手に変な「警戒心」を持たせず、スッと受け入れてもらえるのではないか

❶ 一文が長いのでいくつかに区切ろう。また「的な言われ方をすることは」などくだけた表現は避けよう。

❷ 小論文やエントリーシートでは限られた字数で自己PRをしなければならない。伝えたい内容をぼかすようなあいまいな表現は削ろう。

と考えられるようになった。これは、人とコミュニケーションを図るうえではとてもありがたいことではないだろうか。

　このように少し引いて自分を観察してみると、「優しい」という印象を持ってもらえる要因の1つは、❷自分としては別に意識しているわけでもなく、特段大した事でもなんでもないのですが、相手の話を聞いていることが多いということにも気がつきました。
　❸人にもよるのですが、相手の話をただニコニコ聞いているだけで終わってしまい、自分の意見などをきちんと述べないと「優しいだけの人」と相手には映ってしまうようだということである。誰もが言うようなことであれば、言っても言わなくても同じだから言っても仕方がないと思っていたこともあり、口をつぐんでしまうことも多かったのですが、やはりそれは違うのだとわかった。言っても言わなくても同じではなく、言わない限りは何を考えているかは相手には伝わらない。今は自分の感想や意見をきちんと口にするようにしています。

POINT
**くだけた表現は避け、文体は1つに統一する**

❸自分のどういった点をアピールしたいのか明確になっていない。

**喜治先生の指南！**

自己PRは、自分の性格の分析をするものではない。文章を書く前に自分のPRしたい点を明確にしておこう。次に、それを証明するようなエピソードを肉付けする。最後に自分のアピールポイントと今後それをどう生かしたいかなどを結論に書こう。

話し言葉やくだけた表現は避けること。また常体（だ・である）と敬体（です・ます）が混在しているので、どちらかに統一しよう。

出題論文テーマ　他人から見たあなたは？

# 表裏一体、芯の強さと頑固さ

❶よい評価、悪い評価に分けて述べます。

よい評価では、芯が強く、一生懸命であるとよく評価されます。自分で決めたことは最後までやり通すので、そう言われるのだと思います。

❷私は、お笑いサークルの幹事長として、ライブ出演先との交渉の窓口となり、ニーズの聞き取りや演目の提案を行っていました。従来、困難な依頼は断っていたのですが、私は「どのような依頼に対しても全力で笑いを提供する」と考えていたので、さまざまな依頼を受けました。ある時、難聴者の方からの依頼を受けたことがありました。話す内容をモニターで映すことを提案し、メンバーにも参加を呼びかけました。❸その様子を多くの人が見ていたのだと思います。目標達成までの努力は怠りませんし、そこを評価されていることは嬉しく思います。

他方、悪い評価としては、芯を曲げないので、時に頑固だと評価されます。間違っていると思ったことは堂々と言い、正しいと思うと突き進むので、そう言われるのだと思います。

しかし、相手の意見を聞かなかったり切り捨てたりはしません。私が間違っていると思う理由を説明し、相手の話も聞いて、お互いが議論をすることが重要だ

❶よい評価と悪い評価に分けるとわかりやすい構成になってよい。あえて悪い評価も併せて書くことで、自分のさまざまな面を見てもらうこともできる。

❷他人からそのような評価を受けた理由を、エピソードを交えて書いている。説得力がありイメージが湧きやすくなってよい。

❸評価に対する自分の感想などは入れなくてもかまわないだろう。

と考えているからです。
今年度の夏合宿では、台風のため予定していた合宿地へ行くことが困難になりました。私はリスクを考え、行き先の変更をするべきだと主張しました。それに対して反対意見も多くありましたが、説得を重ねることにより、最終的にメンバー全員の合意を取ったうえで決断をしました。
❹今後はより、相手の考えていることを理解し、柔軟に意見を聞く姿勢を強化したいです。

POINT
**他人からの評価を踏まえた自己アピールを**

**喜治先生の指南！**

他人から受けた評価をエピソードを交えて説明できていてよかった。それらの評価を踏まえた自己アピールにもっと字数を割くとよい。

❹悪い評価を踏まえた今後のあり方について言及されていてよい。せっかくなので、よい評価をこれからも伸ばしていきたい旨も書いてアピールしよう。

出題論文テーマ　あなたの役割をひとことで言うと

# 進化し続ける切り込み隊長！

内定　マスコミ・出版

　昨冬、サークルの先輩に向けて卒業記念映画を撮影することになりました。映像編集に詳しい者は誰一人いなかったので、私は「面白そうだから挑戦したい。これを機に映像編集のスキルを身に付けよう」と思い、手を挙げました。独学で映像編集を勉強し、さまざまな映像を見て、効果的で面白い演出の方法も研究しました。このように、私はサークルの中ではまだ誰もやっていないようなことに進んで取り組み、どうすればサークルの役に立つか、もっと面白くなるかを考え、深く研究することが好きです。❶編集作業では、メンバーが思い描く映像を再現できるよう、何度も議論を重ねました。さらに、「この効果を付けるとより面白いのでは？」などの提案もし、締め切り間際まで映像の細部を手直しして、一切妥協せず作品を作り込みました。私は、ニーズ以上のプラスアルファの要素を積極的に提案する❷役回りも多いです。さらに、1つの物事に最後まで妥協せず、完成度を上げていく粘り強さも持ち味の1つです。

POINT

**内容と合ったタイトルをつける**

❶ 読みやすくするために、改行した方がよい。

❷ 「役回り」という表現はしっくりこない。積極的に提案する性格であることを直接アピールした方がよい。

**喜治先生の指南！**

「進化し続ける切り込み隊長」というタイトルと内容が合っていない。タイトルは文章の顔なので、「探究し、結果を出す挑戦者」など内容をきちんと表すものにしよう。

出題論文テーマ 組織

# 見方を変えて新しいものを探す

内定 水インフラ

私の所属するサークルのメンバーは、お酒好きが非常に多いです。彼らはお酒自体を楽しむよりも、酔うことを楽しんでいる場合が多いと常々思っていました。私はこの状況に疑問を覚え、❶「もっと別の角度からお酒について考えてみたら面白いのではないか」と思いました。そこでビール工場見学を企画しました。参加者を募り、工場を選び、日程を調整して見学実施にこぎつけました。そこではビールにまつわるエピソードや製造方法、おいしい飲み方などを知ることができました。この工場見学を通して参加者は❷「今までとは違うお酒の楽しみ方がわかって面白かった」と言ってくれました。非常に好評だったため、別の会社の工場見学を再び開催することにもなりました。

このように、私は現状に疑問を投げかけ、普段とは違う角度から提案をし、それを実行してきました。組織の中でも私は、より面白いことや楽しいことを追求して、新しい物事に取り組んでいきます。

POINT

アピールしたいポイントは丁寧に記述する

❶なぜ、何をどう疑問に覚えたのかを書いてほしい。

❷今までとは違う、どういう楽しみ方を発見したのかを、一歩踏み込んで指摘するとよくなる。

喜治先生の指南！

疑問を感じる感性、そしてその疑問を解決しようとする力をアピールしたいというのは伝わる。エピソードが具体的なのはよいが、そこに至った理由も具体的に記述できるとさらによい。

出題論文テーマ 人間関係のトラブル

# 対立を乗り越え、新たなスタート

私は大学時代にイベントサークルに所属していました。サークルにはさまざまな考えを持った人たちが集まっていたので、メンバー同士が衝突することも多々ありました。

私の所属していたサークルは30名程度の小規模なサークルで、大学内における知名度も低く、なかなか大きな活動ができないという問題がありました。そこで、今よりもサークルの知名度を上げて、より大きなプロジェクトにも取り組めるようにしたいと思い、新規メンバーの勧誘に力を入れることにしました。❶メンバー一人ひとりが新メンバーの獲得に向けて勧誘に力を入れた結果、なんと1カ月で50名以上の新メンバーを獲得することができました。こうして、私のサークルは30名程度の小規模なものから、80名以上の大きなサークルに変化しました。しかしこの突然の環境の変化は、さらなる問題を生み出しました。

❷私たち初期メンバーは、新たなメンバーが増えてとても嬉しかったのですが、今までこれほどまで多くの人をまとめた経験がなかったので、サークル全体としての管理が非常に難しくなりました。また、このサークルのよさでもあったアットホームな雰囲気が、新メンバーが加入したことで失われてしまいました。この

❶どのような工夫をして勧誘活動をした結果、新メンバーが増えたのかがわかるとより説得力が増す。

❷「サークル全体としての管理が難しくなった」だけではあいまいでわかりにくい。課題があいまいだと、それをどう解決していったのかを説明する部分もあいまいになってしまう。

ようなことから、初期メンバーと新メンバーの間で考え方に違いが生まれ、せっかく加入してくれた新メンバーが辞めてしまうという最悪の事態まで発生してしまいました。③サークルの危機を感じた私は、まず新メンバーとじっくり話し合う機会が大切だと感じ、話し合いの場を設けることを提案しました。あまり堅くるしい雰囲気になるのもよくないと思い、みんなでピクニックに出かける企画を立てました。この企画には多くのメンバーが参加してくれて、普段言えなかったことや感じていたことを話し合うことができました。また、ピクニックへ行ったことで、メンバー間の仲もより深くなり、かつてこのサークルが持っていたアットホームな雰囲気も戻ってきました。

今、私たちはこのサークルの目標でもあった、大きなプロジェクトに取り組んでいます。メンバーが増えたことで、資金面にも余裕ができ、今までは経験できなかったことにも挑戦できるようになりました。集団で行動することは非常に難しいことでもありますが、対立があったからこそ、みんなで同じ目標に向かって努力すれば、とても大きな力を発揮することができるということも学びました。

POINT

**あいまいな表現は文章をぼやけさせる**

③サークルの危機を回避するために、どういう点に気をつけて提案をしたのかが具体的に書かれていてイメージが湧きやすい。しかし、メンバーからどのような話が出て、それをどう話し合って解決していったのか書かれているとよりわかりやすい。

**喜治先生の指南！**

どのエピソードやどのテーマをメインにするのかを明確にしておくと、構成がおのずとはっきりする。また発生した課題や危機は明確に書くこと。そうすると、それを解決していったプロセスも具体的に書きやすくなる。

出題論文テーマ
今、一番関心のあること

# 地球温暖化に対してできること

❶今年の夏を振り返ってみて、何よりも暑かったことが印象に残る。誰に会ってもまずは暑さの話題になるし、通学や就活で外に出れば、すぐに汗が噴き出してしまうほどだった。外出時は日焼け止めと共にハンディファンが手放せなかった人も多いのではないか。朝のニュースでは連日東京で猛暑日が過去最多になった話や気温上昇による異常気象の話が上がり、今年は記録的な暑さになったのだと実感した。またこの暑さは日本のみに留まらず、世界各所で最高気温を更新し、それと共にハリケーン、山火事といった災害も発生した。

異常気象に伴う災害といえば、❷ハワイのマウイ島での大規模火災のニュースが記憶に新しい。マウイ島で発生した火災がハリケーンの強風に煽られたことで急速に燃え広がり、かつてのハワイ王国の首都があったラハイナの中心地が大きな被害を受けた。これによって100人近くが亡くなり、2カ月近く経った今でも再建の目処は立っていない。

そんな異常気象が各地で続く中、1つの言葉が世界に広まり始めた。❸「地球沸騰化」である。これはアントニオ・グレーテス国連事務総長が記者会見で発した言葉だが、今年の7月に世界の月間平均気温が過去最高を記録したことを受け、

❶ 共感を持てる話題からの導入は好印象。

❷ マウイ島での大規模火災などのタイムリーな話題を出すことで、日々ニュースを見てることがアピールできてよい。

❸ 「地球沸騰化」のような話題性のある言葉をうまく使うと論文が引き締まる。「深刻さを発信するため」という指摘までしたのもとて

気候変動の深刻さを発信するために使用された。

では、私たちは何ができるだろうか。まず、社会全体でできることとしては太陽光発電や次世代自動車の普及といったクリーンエネルギーの活用が挙げられる。普及までに大幅な時間とコストがかかるという弱点があるが、気温上昇の主な原因である温室効果ガスの発生を大幅に減らすことができる。❹一方で個人単位では節水やクールビズ、ゴミの分別によるリサイクルといった方法で継続的に貢献できるのではないか。

さらに近年では、「適応」も重要な対策に入るという。地球沸騰化の影響で異常気象が既に通常になりつつある今は、想定されるそれぞれの災害に対する事前、事後対策が必要になる。例えば今年の夏は豪雨や洪水が相次いで発生したが、それらを異常気象とみなすのではなく想定されうる現象として認識し、非常食の確保や避難場所の確認などを日頃から行うことを心がけると良いのではないか。

これまでは「地球温暖化の対策を打たないと将来人々の生活に悪影響を及ぼす」と教わってきたが、今はまさに地球温暖化による影響を実感するようになった。❺今後社会、個人レベルでもこれまで以上の意識が必須となると考える。

POINT

**提案するときは自分の意見として言い切る**

も良い。

❹ 提案するときの文末は、「〜ではないだろうか」「〜ではないか」という問いかけではなく、自分の意見としてしっかりと言い切った方が印象が良い。

❺ 「これまで以上の意識」とは何か。最後のまとめ部分のため、しっかりと内容を書いてほしい。

**喜治先生の指南！**

ニュースになった話題をうまく使うことで社会への関心、時事に強いことをアピールできていて良い。社会で問題になっている日々のニュースへの関心を持っておくことが重要である。

出題論文テーマ　興味を持っている業界

# 新たな価値の提供を目指す

内定　メーカー

私が興味を持っている業界は、素材メーカーと鉄道業界です。❶その2つの業界であれば、私の「世界中の人々へ新たな価値を提供する」という目標が達成できると考えました。素材は多くの製品に使われ、使用された製品の性能の向上を担っていると思います。性能の向上とは、人々に新たな価値を提供することであると考えました。また、日本の高い技術力は海外でも評価されており、世界を相手に製品を広めていけると考えております。世界中によい性能の素材を提供していくことで、人々の暮らしをよりよいものに変えていきたいと思います。❷一方の鉄道業界は安定的な収益からさまざまな新規事業にチャレンジでき、人々に新たな価値を提供できるのではないかと考えました。また、鉄道大国日本で蓄積された技術や知識は、海外に輸出できるのではないかと考えております。❸鉄道利用という新たな価値を広めていくことで、世界中の人々の暮らしをよりよいものに変えていけると考えます。

POINT

**テーマに合わせたわかりやすい書き出しになっている**

❶ 興味の軸を冒頭で簡潔に示せていてよい。その軸を中心に、なぜ素材と鉄道に関心があるのかが説明しやすくなっている。

❷ 文章を読みやすくするために、改行した方がよい。

❸ 酷似した文が中盤にも出てくるので、多少は言い回しを変えるとよりよい。

**喜治先生の指南！**

中心となる興味の軸を示すことで志望する理由を述べやすくなる。その上で面接では「なぜその業界でなければならないのか」を説明できるようにするとよいだろう。

出題論文テーマ 志望動機

# 言葉と向き合う

内定 新聞社

　私が貴社を志望したきっかけは、死刑や刑務所に関する貴社の報道に興味を持ったことです。特に、世論調査で死刑容認派は八割と報道されていたことに疑問を投げかける意見を紹介していた点と、刑務所の内部やそこでの生活について特集していた点です。異なる立場の意見も取り上げ、そのテーマについて議論するための情報を提供しようとしている姿勢に感銘を受け、貴社を志望しました。❶その中でも校閲記者を選んだ理由は、大学で日本史を学んだことで言葉に興味を持ったからです。日本史では、議論する上でどの言葉をどのような意味で使うのかを考えることが重要だと知りました。❷例えば「鎖国」と「海禁」のどちらを使うか、ある事件・戦争をどんな名前で呼ぶのかなどです。また、史料講読を通して一言一句を丁寧に調べて吟味する大切さも学びました。このように、議論や主張の前提となる言葉に向き合い、丁寧に確認することで、貴社の信頼性や正確性を支える仕事をしたいと思い校閲記者を志望しました。

POINT

**少ない字数制限ではテーマを絞る**



❶ ここでテーマが変わるので、改行した方がよい。

❷ 例を示すことで内容がわかりやすくなっている。

**喜治先生の指南！**

文字制限が400字程度ならば、テーマを1つに絞った方がよい。その会社を選んだ理由と、その中での職種を選んだ理由の2つのテーマより、後半をもう少し詳しくした方がアピール度は高くなる。

出題論文テーマ　志望動機

# 環境素材の普及で問題を解決

内定　化学メーカー

私が貴社を志望する理由は、環境に配慮した素材を普及させ生活モデルを変えることで、地球規模の問題を解決したいと考えたからです。❶営業、事業管理職であれば、素材の用途を新たに提案し、製品に付加価値を作り出せると考えました。❷私が特に注目しているのは電気自動車です。貴社のリチウムイオン電池材料と塗布型有機太陽電池を使用した電気自動車の普及で、新たな生活モデルをつくれるのではないかと考えました。リチウムイオン電池材料は環境に貢献する電気自動車の普及には欠かせない素材です。貴社では正極材、負極材、セパレーター、電解液という主要部材をすべて手がけ、顧客のニーズに対応した素材が提供できます。また、貴社の開発した塗布型有機太陽電池は電気自動車にも搭載でき、エネルギー問題に貢献できるのではないかと考えています。

貴社の素材を提案し、シェアを伸ばすことにより、環境に配慮した生活モデルの普及が実現できると考え、貴社を志望いたしました。

POINT

**志望動機の原点を示すことも大切**

❶ どういった目標があり、どの職種に興味を持っているのかを示していてよい。

❷ しっかり企業研究をしていることがわかってよい。ただ自分とその企業との接点が見えてこない。なぜ環境素材に興味を持ったのかについて触れるとよい。

**喜治先生の指南！**

詳しく企業研究をしていることがアピールできている。しかし、それ以外の自己アピール要素がないのが残念。もっと自分のことを書かないともったいない。

出題論文テーマ ▶ 志望動機

# スマートシティの創造を目指す

内定 メーカー

私が貴社を志望する理由は、❶スマートシティを世界中に創造したいからです。地球規模の環境・エネルギー問題が懸念される中、町づくりから環境配慮型の生活モデルを提供することで、人々の暮らしに貢献したいと考えています。数ある企業の中でも貴社を志望した理由は、❷私が在住している町にある、ゲートシティという建物が町に与える影響力の高さを体感して、自分も人々の暮らしに大きな影響を与える町づくりをしたいと考えたからです。また、貴社では○○○キャンパスシティや××エコシティなど、国内外に積極的に進出しており、そのような環境であれば、私の目標である海外へのスマートシティ創造が達成できると考えました。スマートシティの計画では企業だけでなく、自治体や大学との連携も必要です。多くの団体が参画するプロジェクトでは、人脈づくりや交渉力が必要なので、私の強みである周囲を説得していく力を生かして貴社に貢献できると考え、貴社を志望いたしました。

POINT

**体験談をうまく活用しアピールする**

❶ 書き出しとしてはインパクトがあってよい。

❷ なぜその企業に興味を持ったのかが、体験にもとづいて述べられていてよい。

**喜治先生の指南！**

「貴社に貢献できる」というストーリーに加えて、スマートシティにどんな興味や夢を持っているのかもしっかりと書いて、アピールしてほしい。

出題論文テーマ 志望動機

# 人と人との交流の場を

[1]アルバイトを通して、人と関わりながら相手の役に立てることを探して行動することにやりがいを感じ、今度はより多くの人に対して、生活全体を支える仕事がしたいと思ったので、公務員を志望しました。[2]特に、コンビニエンスストアでのアルバイトで幅広い世代の方と触れ合う中で、人と人との交流を求めている方が多いと感じました。コンビニに話をするために来る高齢者の方がとても多いです。買い物というよりも私に会いに来るという人もいました。高齢者だけではなく、若い人も一言二言交わしたことをきっかけにわざわざ私のレジを待ってでも、あいさつしながら買う人も多いことに気がつきました。コンビニの一アルバイトに過ぎない私が何かしらの役に立っているような気持ちになりました。

一人世帯が多く、高齢化の進む特別区においても、[3]住民の方の結び付きや交流の場を生み出していきたいと思い、特別区を志望しました。

POINT
**体験からの「気付き」をもっと詳述する**

[1] 一文が長すぎる。文章を2つにするとよい。

[2] ここで改行した方がよい。

[3] コンビニに代わるような交流の場とはどのようなものか、具体的なイメージを伝えられるとよい。

**喜治先生の指南！**

アルバイトを通じて感じた、求められている「人と人との交流」とはどんなことなのか、さらに具体的な施策として提案できるとよい。

出題論文テーマ▶志望動機

# 世界の水インフラを整えたい

内定 水インフラ

私は小学校のころ、海外に在住しており、初めて水道水の飲めない国があることを知りました。後に、世界では水資源が偏在しており、多くの人々は十分に水のニーズを満たせていないことを学びました。現在、人口増加や気候変動から将来的な水資源の不足が懸念されています。今後海外に水インフラを輸出していくには、水道施設の建設、管理、運営を自治体と一体となって行う必要があります。❶貴社は自治体と共同出資することで、コストダウンと技術力の向上を行い、公民連携を強化した海外進出に注力していくのではないかと考えました。そのように競争だけでなく、協調の概念を持って、人々の生活のために対価を得ている環境で働きたいと考えております。また、海外展開へ向け社外と連携を行っていくうえでは、さまざまな人と話し合いをしながら働くことが求められると考えております。❷そのような環境であれば、私の強みである交渉力を生かし、海外へ水インフラを輸出できると考え、貴社を志望いたしました。

POINT

**志望動機とリンクさせてアピールする**

❶ 文章を読みやすくするために、改行し段落を変えた方がよい。

❷ 志望動機に自分の強みを織り込み、自己PRもできてはいるが、その強みの交渉力について、自分には具体的にどのようなことができるかまで書けるとよかった。

**喜治先生の指南！**

せっかくの経験談から話を始めているので、安全な水を提供していくことへの自分のこだわりがもっと書かれているとよい。

出題論文テーマ　公務員の資質

# 声なき声を感じ取る感性

内定　公務員

大学では法学部で地域行政を学ぶゼミに所属し、地域産業振興や商店街の活性化について学びました。❶このゼミでは座学だけではなく、毎年A市役所の方にご協力をいただき、実際に商店街の方々のお話も聞き、ゼミ員で討論をして、私たちの活性化プランを作成し、市の職員の方や商店街の方の前でプレゼンテーションをしています。

❷これらの経験を通じて公務員の仕事に興味を持ち、自分もぜひ公務員となって街の活性化の仕事がしたいと思うようになりました。

利益を追求していかなければならない民間企業にはできない仕事に魅力を感じています。住民の方々の中に飛び込み、意見や要望を伺い、それらを実現するための政策を練り、実行していく醍醐味を味わいたいです。

ゼミで行ったフィールドワークでは、公務員の皆さんがついてくださりお話を聞かせていただきました。❸いろいろな視点で物事を見ておられること、また住民の皆さんの意見や考えもいろいろあり、理想を振りかざして一筋縄ではいかないことも教えていただきました。あらためて、そこに住む人々の生活に関わる仕事であることを実感できました。そこに暮らす人々の利害を調整する仕事なのだと

❶ 一文が長すぎる。一文1テーマに整理した方が読みやすい。

❷ 志望動機よりも、出題テーマである「公務員の資質」をまずは優先して書こう。

❸ 「いろいろな視点」の中身が少しでも示されると、グッと迫力が出る。

思いました。

会社のための利益を追求するということではなく、そこに暮らす人々の最大公約数の要望を探していく仕事なので、「利益」という基準がはっきりしない分、何を目指して仕事を進めていくのがいいのか、あいまいな部分もあります。大きな意味では「住民の幸せ」であったとしても、その中身は人の考え方によっても、その人の置かれた状況によっても違ってきます。❹そういう多様な考え方、ニーズなどをきちんと汲み取り、その中から最大公約数を探し出し、住民の方々に納得をしてもらうような仕事をすることが公務員の役割だと思います。そのためには、そこに暮らす人々の意見や要望、状況をつぶさに聞き取ることが必要です。また声の大きい人もいれば、そういうものだと我慢して役所に対して声をあげない人もいます。そういった声なき声を感じ取れることが、公務員にとって一番必要な資質であると思います。❺感性を研ぎ澄まし、どんなに小さな声であっても聞き取れる公務員になりたいと思います。

POINT

**体験にもとづく考えをPRにつなげよう**

❹「そういう多様な」の中身を具体的に指摘してほしい。

❺「声なき声を感じ取れる」ことが必要な資質としているのに、「小さな声」を「聞き取れる公務員になりたい」では、対応していないのではないか。些細な言葉の使い方にも注意しよう。

**喜治先生の指南！**

ゼミのフィールドワークで公務員の仕事を観察した内容を、もっと具体的に示さないとフィールドワークが生きてこない。感心した点などをよく思い出してみよう。

出題論文テーマ　やりたい仕事とその理由

# 書籍の正確性を支えたい

私は貴社の校閲部員として、学術書籍の校閲に携わりたいと考えています。誤りのない、信頼できる学術書籍を読者へ届けるため、深い学術知識を身に付けて表記や内容をあらゆる角度から吟味し調べ、間違いを正す仕事がしたいです。そのためには、さまざまな分野の校閲も経験して幅広く物事を知り、日本語の知識を深めたいです。

私が校閲部員を希望した理由は3つあります。

1つ目は専門の日本史で学んだことを生かしたいからです。私は日本史を通して、史料の内容や表記について複数の資料で調べ、❶一言一句を丁寧に批判する力を身に付けました。このようなことから、一つひとつの内容に対し、正確性を目指す仕事がしたいと思い、校閲を志望しました。

2つ目は幅広い知識を学ぶ仕事がしたいからです。❷私はこれまでパソコン教室のアルバイトやサークル活動でさまざまな職業の人に会い、いろいろな世界に触れてきました。これからもいろいろな分野の知識を吸収したいと考えています。そのため、あらゆる分野の出版に関わり、幅広い知識を蓄える必要のある貴社の校閲で働きたいと考えています。

❶ この具体的内容を示すとよい。この記載だけだと内容は伝わらない。

❷ なぜ「いろいろな分野の知識を吸収したい」と考えるのかを、アルバイトやサークル活動とも関連付けながら、一言二言付け加えられるとよい。

３つ目は本の正確性を支える仕事がしたいからです。❸私は日本史を学ぶことで、学術においては特に、ネットの手軽さよりも書籍の信頼性が重視されていると実感しました。その信頼を支える正確性を、校閲部員として維持することで学ぶ人の役に立ちたいと思います。
❹貴社において、さまざまな分野の校閲を経験し、日本語にも詳しくなり、幅広い知識を持って、指摘すべきか否か迷う箇所があってもしっかりとした判断を下せるようになりたいです。そして常に現状に満足せず、向上心を持って仕事に向かっていきたいと考えています。

POINT
**アピールしたいことは具体的に書く**

**喜治先生の指南！**

志望理由を３つ挙げたために、一つひとつがあっさりとしすぎていてアピール度に欠けてしまっている。３つ書くとしても、強弱をつけ、自己ＰＲになるような記述にしないともったいない。

❸せっかくの体験からの「気付き」なので、どうしてこのように実感したのか、その点についてあなたはどう考えているのかをもっと書こう。

❹盛り込んでいる要素が多く、何を最も重視しているのかが伝わりにくい。最優先したいことをまずはＰＲしよう。

出題論文テーマ ぶつかる

# 学ぶ理由

❶「ねえ先生、これコピーしたいんだけど。」

初老の男性が手招きして私に尋ねた。「孫が教えるように」がコンセプトの、パソコン教室での日常風景だ。私はここでインストラクターとしてアルバイトしている。

「どこにコピーしますか？　USBかマイドキュメントですか？」

「先生ったら。紙に決まってるでしょ。」

この言葉を聞いて私は一瞬戸惑った。だが、一呼吸おいてコピーと印刷の違いを説明し、それから印刷の仕方を教えた。

「そうだったのか。いいこと聞いたよ。」

このように、私たちが当たり前に使っているパソコン用語でも、シニアにはなじみがない。そもそも、教室以外ではパソコンを使う機会がない人の方が多い。教室に来た時だけ、ゆっくりでもテキストを進めていく。それがシニア流の楽しみ方だと私は思っていた。

❷70代くらいのある女性が、パワーポイントのテキストを学んでいた時のことだ。

「文字をターンにするってどういうこと？」

❶ 書き出しを会話文にすると印象的になってよい。その際、どのような場面なのかすぐわかるように説明もきちんと入れるようにする。

❷ とても印象的な話題で興味を引きつける。実際に経験した話なので、迫力がある。

「ここをクリックすると、文字がこんなふうに動くんですよ。」

「すごい！」と言ってその女性は満足してくれたが、実はこの会話は3回目なのだ。彼女はいつも同じテキストの同じ章を繰り返し勉強しているので、私は女性を退屈させているのではと心配だった。

「もうこのテキストはかなりやりこんでいますので、新しいテキストに進んでみませんか？」

私がそう言うと女性は急に不機嫌になってこう言った。

「進歩がなくてすみません。でも私はこれが楽しいからいいの。」

この一言で私は自分の考えの甘さに気がついた。私はそれまで、人が学んでいるとき何かにぶつかったら、それを乗り越えて次に進むことが大切だと思っていた。❸だがシニアは、学ぶ中で何か障害にぶつかること自体を楽しんでいるのかもしれない。そう気づいた私は、何かにぶつかったらそれを乗り越えねばならない、という圧力から解放された。そして、ぶつかること自体を楽しむという新しい学び方を知った。❹学びにはさまざまな動機がある。試験のため、仕事のため、趣味のため、教養を身に付けるため、そして悩んだりぶつかったりすることを楽しむため。そのどれもが間違ってはいない。学ぶ理由は人それぞれで、前に進むことだけが目的ではないのだ。

POINT

**会話文を効果的に使う**

❸ この記述だけでは唐突な印象。なぜ自分がそう考えたのかを、丁寧に説明する必要がある。

❹ 新しい学び方を知った経験を踏まえての結論に入るので、ここで改行しよう。

**喜治先生の指南！**

会話文を適切に入れると読みやすくなり、さらにイメージが湧きやすくなる。前半の男性の話をもう少しコンパクトにまとめ、最後の自分の考えを丁寧に説明するとさらによい。全体のバランスを考えてから書き出さないと、スペースも時間もなくなってしまう。

出題論文テーマ ▶ SDGs

# SDGs実現のためにできること

ＳＤＧｓとは[1]国連サミットで採択されたもので地球上の「誰一人取り残さない」ことを誓って、17のゴール、１６９のターゲットから構成された「２０３０年までに持続可能でよりよい世界を目指す国際目標」のことです。その中で[2]私は日常生活で取り組んでいること、そして今後取り組みたいことの2点について述べます。

まず日常生活において取り組んでいることは、レジ袋を使用せずエコバッグを持参すること、マイ箸の利用、食材を最後まで使い切ること、不要になった物は捨てずにオンラインサイトを活用してリユースさせることです。

このことで開発目標の中にある「つくる責任、つかう責任」と「海の豊かさを守ろう」について実践できていると思います。

次に今後取り組みたいことは、近年高齢化や人口減少に伴って増加している空き家を活用して貧困家庭に向けた子ども食堂や貧困を理由に習い事に行けない子どもたちのための学びの場を展開していくことです。空き家対策だけではなく、子どもの貧困対策、そして子ども食堂や学びの場を展開することにより、新たに雇用を創出することにつながると考えます。これらは開発目標のうち、空き家に

[1] ここまでしっかりと定義が書ければ言うことはない。とりわけ公務員を目指している人は、この定義はしっかりと押さえておこう。行政の現場では、どんな場面でもSDGsが語られるくらい最重要テーマの1つ。

[2] 自分自身の取り組みというところに持っていくのはとてもよい。

ついては「つくる責任、使う責任」、子ども食堂や学びの場は「貧困をなくそう」「飢餓をゼロに」、そこで働く人々の雇用を創出することは「働きがいも経済成長も」に該当すると思っています。

しかし、こういった取り組みはボランティアで行われていることも多く、利益を出しにくいことから企業はビジネスとして取り入れにくく、規模を広げて広く展開していくのは容易ではないと考えます。そこで私は公務員になって行政としてこれらを実現していきたいと考えています。地元の資源を活用して地域に密着した取り組みができることは行政の強みだと思うので、まずは公共の事業として取り入れていき、改善を行いながら運用の方法なども検討し、❸将来的には成功事例として他の市区町村へも展開していくことができたらと思います。

このようにSDGsの実現のためにできることはエコバッグの持参やマイ箸の利用など、個人が生活の中ですぐに取り入れられることから、空き家活用や子供の貧困対策など行政や企業などの組織が事業として取り組むことまで多岐にわたります。一人ひとり何ができるのかを考え、身の回りでできる小さなことから意識して始めていくことが大切だと考えます。

POINT

**自分が考えやすく、書きやすい話題に絞り込んでいく**

❸「成功事例として他の市町村へも展開していく」という部分はもっと具体的に説明できるとよい。

**喜治先生の指南!**

SDGsという大きなテーマを自分自身の日常生活、自分がやってみたい取り組みという身近な話題に絞り込んだのはとてもよかった。こういう大きなテーマの出題のときに自分に引き寄せ、自分が考えやすく、書きやすい話題に絞り込んでいく手法を持っておくとよいだろう。

出題論文テーマ　言葉の力

# 言葉が持つ影響力

内定　マスコミ

　私は幼いころ、怒るとよく「うそつき」と言った。例えば今月末は遊園地に連れて行ってあげると言われて楽しみにしていたのに、父の仕事が入り中止になった時だ。怒る私に母はこう言った。

「連れて行けなかったのは申し訳ないけど、うそつきよばわりするのはやめなさい。事実と違うことをわざと言ったわけじゃない。」

❶❷私は面倒くさがる癖があり、何かを説明するときにちゃんと言葉を選ぶことがなかったそうだ。そんな私を心配して母はよくこんなことも言っていた。

「極端な言葉遣いでは細かいニュアンスが表現できないから、物事を雑に考えるようになる。面倒くさがらずに言葉を選びなさい。」

　説教くさくて嫌だとその時は感じたが、今にして思えば、言葉の選び方はその人の物の考え方と直結しているから大切にしなさいという重要な教えだとわかる。それだけ言葉の力は大きいのだと思う。

　1つの言葉で大きな社会問題が起きた例もある。明治時代の「血税」だ。❸政府は平民が兵士になることを美化しようとしたが、人々は本当に血を搾り取られると勘違いした。そして現代では、人々が汗水流して働き稼いだ中から払う税金と

❶ 「このように」といった接続詞を入れよう。接続詞がないと文と文のつながりがわかりにくくなり、エピソードを並べただけに見えてしまうかもしれない。

❷ 読み手には「面倒くさがる癖」という言葉と、幼いころに「うそつき」と言ったこととはすぐに結び付きにくい。エピソードとして適切かどうか、考え直してみよう。

❸ 後半部分の話の一番重要な例なので、この言葉によってどのような社会問題が起きたのかもう少し丁寧に説明した方がよい。

いう意味で使われている。
「国民の税金」より「国民の血税」と言った方がインパクトが強く、「国が民衆から搾り取った金」という印象を与える。どの言葉を使うのかにより、すでに物事の善悪や好き嫌いまで含まれている。
このように言葉の持つ影響力は大きい。だが明治政府が民衆に勘違いされたように、確固とした意味を必ずしも持っているわけではないという弱さもある。だから私たちは言葉についてよく吟味しなければいけないと思う。その言葉にはどのような考えが含まれているのか、この言葉はどう受け取られる可能性があるのかということに敏感でなければならない。多くの人に言葉を発信する立場になったとき、私はより一層このことに気をつけたい。

POINT

**読み手を惹きつけ、共感を得られる導入に**

**喜治先生の指南！**

「言葉の力」という課題について、とてもよいストーリーになっている。自分自身の経験から話が展開されていて、とても読みやすい。母親から言われた言葉をこのように引用すると、キラリと光る論文になる。

出題論文テーマ グローバルとローカル

# グローバルな視点とは

❶大学入学を機に、生まれてから18年間住んでいた町を出て三鷹で暮らし始めた。横浜以外の土地に住むのは初めてだったので、自分の住んでいた町にはなかったものが新鮮で、驚くことばかりだった。例えば、三鷹は三鷹通りのような大通りから、若葉通りのような小道までちゃんと名前がある。私の町では国道何号線や環状何号線といった名前しか聞いたことがなかった。次に驚いたことは、商店街に活気があることだ。特に駅前商店街には古い個人商店がたくさんあり、夏祭りも大勢の親子やカップルが訪れる。私の町には個人商店が軒を連ねる商店街もなければ、商店街夏祭りもなかった。

三鷹から早稲田へ引っ越した時も同じことを感じた。その土地の歴史を感じさせる名前や、地域の連帯。❷私の町にはそのようなものはないと思っていた。結核の療養地だった山を切り開いてできた、比較的新しい土地だからだろう。久しぶりに実家に帰った時に、母にこの話をした。すると、

「そうかな。あなたが忘れてるだけで、けっこうそういうのあると思うけど。」

と言われた。

「あの道はC坂と呼ばれているし、あそこにはまだ商店街があってお祭りも

❶ 身近な話題から大きなテーマにつなげるよい例。

❷「思っていた」というと「そうではなかった」というニュアンスを相手に与えるので、次の「結核の～」の文と整合しない印象を与える。「私の町は山を切り開いてできた比較的新しい土

やってるわよ。あの空地も三角公園て呼んでたじゃない。」

私が意識してこなかっただけで、名前も人のつながりも、挙げれば切りがないぐらいあったのだ。

ローカル、特に自分が長く居た土地のことは、外へ出てみないとなかなかわからないのだと私はしみじみ実感した。❸同じようにグローバルな世界へ出て行くと、ローカルについて考えさせられることが多いのではないだろうか。いま何かと求められているグローバルな視点とは、きっと外の世界だけに目を向けることではない。外の世界へ出て、そこから自分のもと居た場所を見る。そのような視点を持つことが❹大切なのではないだろうか。

POINT

## 抽象的なテーマは具体例を挙げる

**喜治先生の指南！**

「グローバルとローカル」という大きなテーマと自分の接点を、どう表現するかが難しいが、何とか自分に引き寄せた話にしようとしている点は評価できる。人の書かないことを書くために自分の話を入れることは、とても重要。

地なので、そのようなものはないと思っていた」とすればスムーズにつながる。

❸ 改行した方がよい。

❹ 「〜ないだろうか」というより、「大切だ」と言い切った方がよい。

出題論文テーマ　スポーツ

# メディアとスポーツ文化

内定　新聞社

❶スポーツを文化の問題として考えるうえで、見落とすことができないのが大衆やメディアであり、これらの存在が「スポーツ＝素晴らしい」というイメージをつくり上げたと私は考える。今回は高校野球を例に挙げ、このような現象を説明していきたい。

私が高校野球と聞いてまず思い浮かべるのは、毎年夏に甲子園球場で行われている「全国高校野球選手権大会」である。この大会は国民的行事といってよいほど有名であり、また人気もある。母校を応援したり、プレーする高校球児たちの姿に心を動かされたりする人も多いだろう。実際に私もその1人である。❷しかし、我々が抱くクリーンなイメージとは裏腹に、この大会は人々の見えないところでビジネスの場となっているのである。つまり、高校野球が持つクリーンなイメージは大衆とメディアがつくり上げたものなのだ。

では、どうして私たちは高校野球に感動するのだろうか。このようなイメージを根付かせているのは、紛れもなくメディアであると私は考える。私が現代において最も大衆に影響を与えていると感じるのが、夏の全国高校野球選手権大会期間中に放送されているあるテレビ番組である。この番組ではその日の試合結果だ

❶ 最初の一文が長いと、全体が読みにくい印象を受ける。二文に分けるなどの工夫が必要。

❷ 「ビジネスの場」が何なのかわからない。高校野球はなぜクリーンとは言えないのか。例を挙げるなどして説得力を持たせよう。

けでなく、ある選手に注目し、紹介するコーナーがある。このコーナーは、親を亡くした選手の活躍を追ったり、けがで試合に出場できなくなってしまった選手を取材したりして、視聴者の感動を誘うように編集されている。このコーナーで放送されることは、選手個人の事情であり、野球というスポーツ自体には全く関係がない。しかし、それをあえて放送することで視聴者の同情を誘い、それぞれの思いを胸に戦う選手を応援したいという気持ちにさせ、「高校野球は素晴らしい」という観念をつくり上げているのではないだろうか。また、メディアが過剰に報道してスター選手をつくることも、高校野球の人気を維持する秘訣だろう。このように、高校野球に対する私たちのイメージは、メディアとメディアに影響を受けた大衆が煽り立てているものであると私は考える。

❸「スポーツ＝素晴らしい」という観念は、今回取り上げた高校野球の例のように、メディアと大衆によってつくり上げられたものではないだろうか。世間一般に共有されている価値や観念を当然と受け入れるのではなく、自分で考えて、時には疑問を持つことも大切だと感じた。

POINT

**問題の提議と掘り下げ方を工夫する**



❸「スポーツ＝素晴らしい」という観念がメディアと民衆によってつくられることの問題点などにも言及できるとよりよい。

**喜治先生の指南！**

夏の高校野球がメディアによってどう取り上げられているのかが、具体的に述べられていて説得力がある。さらに、高校野球が感動物語として消費されることにどのような問題があるのか、「スポーツ＝素晴らしい」という観念がつくられるとどのような問題が生じるのかといったことにまで踏み込むと、小論文としての深みがより出る。

出題論文テーマ

# AIの活用に関する法整備

AI（人工知能）

　AI（人工知能）は自ら経験し、学んでいくことにより、人のように柔軟にタスクをこなすことができる。そのためAIは、ビジネスや医療、教育など私たちの生活のさまざまな部分に活用されており、業務の効率化に役立っている。しかし現状においては、❶AIの活用に関する法整備よりも、AIの技術が先を行っていると言える。以下、AIの利点と欠点を述べた上で、人々がAIを安心して活用するにはどのような対策が考えられるかについて述べる。

　まずAIを導入する利点としては、❷労働力不足の解消と事故発生の防止が挙げられる。労働力不足の解消に関しては、少子高齢化が進み、今後働き手の不足が懸念される先進国での活用が期待される。特に介護やサービス業での人手不足が深刻な問題であることから、AIを活用することで社会問題が解決されることに強い関心が寄せられている。また❸AIは正確な作業を繰り返したり、異常を探知することに強みを持つので、AIの技術が自動運転に活用されることで交通事故の発生防止が期待できる。その結果、交通事故による犠牲者が減り、人々がより安全かつ快適な生活を送ることができる。

　しかしその一方で、AIの技術は完璧ではなく、欠点も見られる。AIを導入

❶ 「AIの技術が先行しており、AIが巻き起こすかもしれないこと（人権侵害など）への規制などの法整備が未だ整っていない」などのように、テーマとするポイントをもっときちんと述べた方がよい。

❷ この2つは、まとめて指摘するよりも、「第一に」「第二に」と分けて、それぞれを展開した方が読みやすい。

❸ AIの強み2つ（繰り返し、異常を探知する）と交通事故の発生防止とのつながりの説明が欲しい。

❹ 「AI倫理」という用語をどのような意味合いで使っているのかの説明があった方がよい。

する上での欠点としては、人々の仕事が減ることや、ＡＩの倫理問題が考えられる。ＡＩによって人々の雇用が減少することに関しては、ＡＩの導入には初期コストがかかるものの、長期的には人間を雇うよりも安価であることから、人間の仕事がＡＩに置き換えられ、失業者が多数出る可能性が考えられる。またＡＩが人権侵害や兵器化されるのではないかという❹ＡＩ倫理の問題がある。

それではＡＩの利便性を私たちの日常生活に取り入れつつ、安心して利用するためにはどうしたらよいのだろうか。まずはＡＩが人道的な規範を破らず、人類に悪影響を与えないようにするために各国が議論を行い、ＡＩの技術活用に関する法整備を協力して行うべきだろう。またＡＩが❺シンギュラリティに達した場合に考えられるリスクを事前に検証し、必要な対策を検討することが必要であると考える。ＡＩはあくまでも人間の仕事を補助するツールであり、利便性を追及するあまり、人間が制御を失うような事態は回避しなければならない。

POINT

**文章の構成、論理をしっかりとおさえよう**



❺「シンギュラリティ（技術的特異点）」とは、人工知能が人間の知能を超える転換点のこと。論の結びで新しい話題は出さない方がよい。

**喜治先生の指南！**

設定した問題点をどのように考えるか、どのように対策するかを対応させておかないと読みにくい文章になってしまう。「シンギュラリティ」「AI倫理」など知識が豊富なことはわかるが、うまく使えていない。知っていることをなんでも書こうとせずに、文章の構成、論理をしっかりとした方がよい。

出題論文テーマ IT化のもたらすもの

# IT化の弊害と解決策

❶まず、IT化の利便性として、時間や手間の節減が挙げられる。例えば、インターネットの普及により、さまざまな情報の入手が容易になった。私自身の体験としては、以前は1冊の本を買うために何軒もの本屋を探し回ることもあったが、今は家から出なくても、ネットショッピングで欲しい本を簡単に購入できるようになった。

❷次にIT化の弊害として、1つ目にデジタル・ディバイドが挙げられる。IT技術を使いこなしその利便性を享受できる人々と、高齢者のようなIT技術に慣れていない人々や、情報機器そのものを持っていない低所得者との間の情報格差が広がっている。2つ目に、IT犯罪の増加が挙げられる。例えば、出会い系サイトの利用に起因する児童買春や、ウイルスを用いたサイバー攻撃である。

では、デジタル・ディバイドやIT犯罪の増加といったIT化の弊害を解決するために、行政は何ができるか。まず、デジタル・ディバイドに対しては3つの方策が考えられる。1つ目は、高齢者向けにパソコン利用技術の講習会を設けること。その際には、退職者や学生などに講師のボランティアを依頼し、一人ひとりの受講者にわかりやすいようにきめ細かな指導をすることが望ましい。2つ目

❶この小論文ではIT化によってもたらされた弊害をメインに取り上げ、対策を述べようとしている。IT化の利便性に関する説明は、体験談などを省いてコンパクトにしてもかまわないだろう。

❷主要テーマは弊害の方なので、「IT化にはこういった利便性がある。だがデジタル・ディバイドといった弊害もある」のようなつなぎ方がよいだろう。

は、まだ利用可能であるのに廃棄処分されるパソコンをリユースし、安価で提供しているボランティアグループへの援助。このようなグループはボランティアであるため、リユースする際に必要なソフトウェアの入手が困難という問題を抱えている。そこで、国や自治体が助成金を出して援助すべきである。３つ目は、図書館や公民館などでＩＴ環境を整備し、より多くの人が無料でパソコンを利用できるようにすることである。次に、ＩＴ犯罪に対しては、情報リテラシーの教育が重要である。犯罪には取り締まりや法規制の強化も必要だが、かえって情報の自由な流通を阻害する恐れがある。そこで、行政は情報リテラシーを養うための教育を推進するべきである。その教育により、ＩＴ技術の利用者一人ひとりがそのリスクを認識し、適切な防御策を講じる能力を身に付けるだろう。

ＩＴ化は、現代社会に利便性と同時に大きな弊害をもたらした。その弊害を解決するためには、私たち一人ひとりが情報リテラシーを身に付けねばならない。❸そのためにも、行政は自らの役割を認識し適切な施策を展開していく必要があり、私はその行政施策の一環を担いたいと考える。

POINT

**文字数に応じて内容のウェイトを考える**

❸ ＩＴ化のもたらす弊害への対策をまとめ、自分もそれを担いたいとする決意表明も記されていてよい。

**喜治先生の指南！**

ＩＴ化の弊害はさまざまなものがあるだろう。ここではデジタル・ディバイドとＩＴ犯罪の抑止の2つを取り上げ、対策を考えている。だが字数に限りがあるので、どちらか一方について詳細に具体的に述べる構成にしてもよいだろう。

出題論文テーマ　少子高齢化

# 少子高齢化の問題と対策

❶先日、衝撃的な記事を見た。「日本の人口の10人に1人が80歳以上になった」というBBCの記事である。また、これによって日本は世界で最も65歳以上の人口の割合が多い国となった。さらに、日本は世界有数の出生率が低い国としても有名であり、高齢化のみならず急速な少子高齢化に歯止めがかかっていない。

❷そもそも、なぜ少子高齢化が起きるのだろうか。主な理由は2つあると考える。1つ目は平均寿命の延長である。医療技術の発展や生活水準の安定により長生きする人が多くなり平均寿命が上がる。2つ目は出生率の低下だ。経済発展や価値観の多様化と共に晩婚化も進み、子供の出生率が低くなる。前述のように日本は他の東アジア諸国と同様、国民の平均年齢が高く出生率の低さは上位に入るため、少子高齢化が加速していると考えられる。

では少子高齢化が進むとどのような問題が起こるのか。経済的には生産年齢人口の減少により労働力が減少し、労働市場や企業活動に悪影響を与える。社会的には、高齢者の健康管理や介護ニーズの増加、高齢者孤立といった問題が深刻化し、それに合わせて年金制度や社会保障制度も変更する必要があるので、その分若い世代の負担が大きくなる。

❶ ニュースを導入部でうまく使っている。

❷ 現状を説明した上でそれはなぜかという理由が続いている。さらにこの後の文章で「どんな問題が起こるか↓ではどうすればいいか」という構成がされており、とても読みやすい。

[3]このように少子高齢化が加速する今、少子化対策と高齢化対策の両方を行う必要がある。少子化対策としては出生率向上を図るための支援策や育児環境の整備、働き方改革によるプライベートの確保などが挙げられる。実際に子供の就学前は保育費が一切無料という自治体もある。高齢化対策としては年金、医療などの社会保障制度の見直し、高齢者の労働参画促進などが挙げられる。金銭面での補助制度の持続性を保つために年金支給額を引き上げ、その代わりに高齢者が長く働ける環境を整えることで補助制度への依存を防ぐ。

「30年前から進化していない」と他国から指摘される原因の1つは、少子高齢化である。国の現状に合わせて新たな対策を打ち続けることが必要だ。

POINT

**文章の順序・流れが読みやすく構成されている**

**喜治先生の指南！**

現状を把握し、分析し、そこから生じる問題を予想し、対策を講じていくという論の運びは使える。自分なりのアイデアが出せるととてもよい。これから子どもを産み、育てる自分自身がどう考えているかが書けるととても迫力のある論文になる。

❸ 知っている対策を列挙するのも一案ではある。しかし、1つ2つに絞って何か自分の経験（例えば、自身の家族のことなど）から提案できると「考えている」ということが伝わって良いと思う。

出題論文テーマ ▶ 環境

# ＡＬＰＳ処理水の海洋放出

２０２３年８月24日、東京電力福島第一原子力発電所におけるＡＬＰＳ処理水の海洋放出が始まった。これに対して国内外で賛否が分かれており、大きな問題となっている。

❶ＡＬＰＳ処理水とは、原子力発電所から排出された水のうち、放射性物質を取り除いた後の水を指す。福島第一原子力発電所ではこの処理水を保管するタンクが満杯になりその処理に関する問題が上がったが、安全性が確保できる程度まで放射性物質を取り除いてから海洋放出を行うことで処理することになった。現在タンクに入っている量の放出は20～30年ほどで完了するという。

ではなぜＡＬＰＳ処理水の海洋放出が決定したのか。このＡＬＰＳ処理水の処理に関する議論は10年ほど行われていたという。処理方法として海洋放出のほかに新たなタンクを増設する案や大気に蒸発させる案も上がっていたが、どちらもコスト面や準備期間などを鑑みて実現性に欠けると判断されたようだ。そこで、国際原子力機関（以下ＩＡＥＡ）で設置された専門のタスクフォースによる監督のもと海洋放出をすることが決定された。

ＡＬＰＳ処理水の海洋放出に関して懸念される問題点として主に２つ挙げら

❶ 基本的な知識がこれくらいあれば好印象ではある。ただ、ここまで書けなくても、自分の持っている知識の範囲で論を組み立てるのでも大丈夫。

❷ この問題をどうするかについてより具体的な考えを示してほしかった。「懸念される」では物足りない。

れる。1つ目は環境面への影響、2つ目は放出による風評被害の影響である。1つ目の環境面への影響に関しては、放出された水がIAEAによる基準を満たしていると情報として公開されており、基準を上回った場合はすぐに放出を停止できるという点から、現時点では人体には影響がないと認識して問題ないと考える。2つ目の放出による風評被害の影響に関しては慎重な対策が必要になると考える。一部ではあるが日本産の水産品の輸入規制を決定したり検討している国も存在する。また日本の情報公開の取り組みやIAEAの監視体制を評価している国でも、海洋放出自体に良い印象を持っている国は多くない。さらに、輸入されたとしても実際に購入することに抵抗を感じる人は少なくないのではないか。❷安全と証明されているのに消費が減るという問題が懸念される。

私は、この海洋放出の問題で一番危惧するべきことは、根拠のない情報に惑わされてしまうことだと考える。この問題は私たちの食生活や環境問題に大きく直接的な影響を及ぼす問題であるため、安全だという情報が出ても安心しきれないし、政府も全ての行動を慎重に進めることが必須である。❸しかし私たち消費者も闇雲に心配をするのではなく、客観的に情報を見極めることで問題に真摯に向き合う必要がある。

POINT
**自分だったらどう対処していくのかを考えよう**

❸私たち消費者が「客観的に情報を見極めること」などできるのだろうか。自分自身で考えているのだろうか？　と思われ、印象があまりよくない。

**喜治先生の指南！**

処理水についての知識がしっかりと整理されており、日々の社会の問題に関心を持っていることを伺わせる。具体的でないにしろ、最後に自分自身がこの問題にどう対処するかまで言及している点は高評価である。

出題論文テーマ▶社会

# 不寛容について

内定 公務員

近年、昔では話題にならなかったようなことが、必要以上の批判を浴び、問題化するケースが増えてきている。著名人に対する過剰なバッシングにより、ネットで頻繁に〝炎上〟が起きたり、ちょっとした過ちや言動に対して、クレームが殺到したりする。また、❶子育てをする親や外国人、世代の違う人々などに対しても過剰に反応し、寛容さを失っている様子が見られる。

このように、社会が不寛容になった原因として、まずSNSの発達とマスコミの影響力の増大が挙げられる。SNSの普及により、誰もが簡単に自分の意見を見ず知らずの人へ、あるいは社会全体に匿名で発信することが可能となった。また、テレビや週刊誌等をはじめとするマスコミが、大衆の興味を引き、怒りをあおるような報道をするようになった。これにより、人々は感情に流され、より安易に怒りや不満をあらわにするようになった。

また、日本人の国民性も原因として挙げられる。日本は島国であり、移民が少なく、多様性を尊重するという文化が根付いていない。そのため、自分と違う背景や考えを持つ人や、自己主張をはっきりする人に対して嫌悪感を抱きやすい。

さらに、「本音と建前」という言葉があるように、自分の思うことをその場で直接

❶どういう状況かをきちんと指摘した方がよい。SNSで炎上した一例を挙げてはどうか。

的に伝えることを避ける傾向にある。これらにより、相手との意思疎通がうまくいかず、不必要な誤解や不満を生んでいると考えられる。

このままでは、お互いに対する不寛容さが増し、ますます生きづらい世の中になってしまう。❷そこで、人々がより寛容さを持つために必要なことは何か。まずは、❸マスコミや周りの意見に振り回されないよう、冷静に状況を見極めるよう努めなければならない。他人から与えられた情報の一部分だけを見て過剰に反応するのではなく、相手の立場に立って物事を考え、受け入れようとする姿勢を意識的に持つことが重要だ。そして、それでも納得がいかない場合は、感情的になるのではなく、直接相手と向き合い、自分の考えが伝わるように説明することが必要である。

他者に対して不寛容な社会は、一人ひとりにとっても生きづらく、息苦しい世の中となる。皆にとって居心地のよい世の中にするためには、相手との違いを認め、受け入れようとする姿勢が求められる。

POINT

**欲張らず論理的一貫性を重視する**

❷ ここで改行した方が読みやすい。

❸ 子育てをする親や外国人に対する寛容さについては、マスコミやSNSとは関係がないので、その部分への何かしらの提案がほしい。

**喜治先生の指南！**

限られた時間、文字数で論文をまとめなければならないので、思いついたことを全部書くことはできない。時間や文字数の制約条件を頭に入れながら書きたいことを取捨選択することも重要である。

出題論文テーマ ▶ 子育て

# 子育てしやすい環境の整備

❶現在の日本において、「少子化」は聞きなれた言葉となった。子育てをする人が減ったのは、女性の社会進出が当たり前になっていく中で、働きながら子育てをする環境づくりが追いついていないためだという意見がある。それはもっともであると思う。しかし私には、それだけではなく、少子化によって子育て世代が少数派になったことがまた、さらなる少子化を招いているようにも思える。

幼稚園や保育園の「騒音問題」という話がある。これは、園児たちが発する声や音が騒音であるという問題であり、周辺住民の反対によって新設予定の幼稚園が開園の延期を余儀なくされたり、また開園後に訴えられたりする事態が起こっているものである。この問題の原因は、もちろん❷子育て世代の都市部への移住もそうであるが、子育てが多くの人にとって他人事となってしまったところにあると考える。たとえば、子どもが身近にいる人にとって他の子どもの声は騒音に感じられるだろうか。私はそうは思わない。つまり、核家族化や単身世帯の増加によって子どもと一緒に暮らす人が少なくなったこと、そして子どもを身近に感じる人が少なくなったことが、子育て世代や子育てに携わる人を孤立させ、子育てをしにくくしているのだ。騒音問題のほかにも、妊娠中であることを示すマタニ

❶冒頭のこの段落はどういう意図でおいているのかわからない。タイトルとも次の段落との関連性もなく、浮いてしまっている。

❷原因を2つ指摘するのであれば1つずつ丁寧にすべきである。「子育て世代の都市部への移住」というだけでは意味は伝わらない。

❸「当たり前のこと」であることについては、説明が必要だ。

❹ここでなぜ「学生」が出て

ティーマークを付けていることで、電車等で文句や嫌がらせを受けることがあるという問題も浮上している。この問題にも同じ背景があるように思う。このような環境では、子どもを育てることに不安を覚える人は増えていくだろう。

③当たり前のことだが、子育てとはその親だけでするものではない。のびのびと遊び学べる場所や見守ってくれる地域の目があって、成り立つものであるのだ。そのためには、子育てを身近に感じてもらえる環境づくりが必要となってくる。④たとえば学生を対象に子育て等の模擬体験を行ったり、幼稚園で地域を巻き込んだイベントを行うことも幼稚園を身近に感じてもらえるきっかけになるだろう。

このような活動を通して、地域の人たちが少しでも子育てを身近に感じることで、子育てをする人の孤立化を防いでいくことが可能になっていく。制度や仕組みを整えていくことももちろん重要なことであるが、子育てをしていくことを周りの人に受け入れてもらい見守ってもらえる安心感があってこそ、子育てしやすい環境であるといえる⑤のではないだろうか。

POINT

**論点を絞ってわかりやすく**

くるのか、説明を加えないと唐突だ。あなたが自分たち学生が体験するとよいと思った理由を書けばよいだろう。

⑤ 文末は「言える」と言い切った方がよい。

**喜治先生の指南！**

子育てしやすい環境を保育園などのハード面ではなく、「子育てが他人事となっている」という意識の点を切り口に論じているのは大変よい。せっかくそのテーマを思いついたのであれば、その点を一貫して丁寧に論を積み上げていければよかった。冒頭の段落は不要である。

出題論文テーマ 雇用

# 日本における働き手（人材）不足

日本における働き手不足は、地方から都市への若者の人口流出、少子高齢化、人気業界・職種への偏りなど様々な要因があり、深刻化している。企業としては黒字だけれども労働力不足によって倒産する件数も年々増加している。❶働き手不足の要因としては、以下の２つが挙げられる。

①人口の減少

近年、日本では定年の延長や共働き世帯の増加などにより、❷女性や高齢者の労働参加が進み、労働力人口自体は２０１２年頃から増加している。一方で、母体となる生産年齢人口が減り続けているので、いずれ労働人口は減っていくと予想される。

②労働条件

❸人手不足により、やむを得ない部分もあるが、労働条件は各企業で問題となっている。「労働時間が長い」「サービス残業を求められる」「給与が低い」「ハラスメントが横行している」など、労働環境が悪い企業は当然求職者から敬遠されてしまう。最近では、ブラック企業という言葉があるように、労働者にとって「快適に働けるかどうか」は就職先を選ぶうえで大きな要素になっている。人材確保の

❶ 「様々な要因」があると指摘した後で、「以下の２つが挙げられる」というのはおかしい。「様々な要因の中から以下の２つについて詳述する」などとするのであればよい。

❷ 冒頭で、労働力不足から倒産も増加しているとしておいて、ここでは今はむしろ労働人口は増加しているというのはおかしい。論理的ではないと判断される。

❸ 「が」で文章をつないでいくと一文が長くなるうえ、前の文と後の文の関係が

ため、より有利な労働条件を提示する企業もある。魅力的な求人が並ぶ中、労働条件が悪い企業にわざわざ応募する求職者は少なくなる。そのため、企業は数ある求人の中で目立ち、求職者に選んでもらうために、労働条件が改善できないと人材確保ができないのである。また、就職しても3年も満たずに辞めてしまう新入社員も少なくない。いろいろな要因はあるが、やはり新入社員の育成に携わる上司が重要になってくるのではないかと考える。入社するまでの環境は人それぞれ全く違う。新人が常識と思っていた行動が社会に出たら非常識であるということもあるだろう。そういったことも含めて、上司である育成係が伝えていく必要がある。新人にとって一番近しい上司が社会の常識や、会社のやりがいを伝え、一番の相談者になることができれば、病気になったり、辞めたりしてしまう新人は減るのではないかと思う。新人をしっかり育てていくことは、会社の人材不足改善に繋がっていくと思うので、新人育成に力を注いでほしい。

今後は、さらに少子高齢化や都市部への人口流出などが進むことが予想されているため、働き手不足の問題はさらに大きくなっていくであろう。❹各企業の労働条件の見直しや、企業内の雰囲気や仕事のやりがいが求められる。

POINT

**構成をしっかりとしてから書き出すこと**

はっきりせず読み手にスッと伝わらない。「が」で文をつなぐのは避けた方が良い。

❹人口減少による「働き手」が不足していくことを、企業の労働条件の見直しや雰囲気作りで解消できるだろうか。

**喜治先生の指南！**

結局何を言いたいのがよくわからない論文になってしまっている。論文を書き出す前にしっかりと構成を考えておく必要がある。とりあえず書き出して、考えながら書いていくと論旨が一貫しない論文になってしまう。

出題論文テーマ　コロナ後の変化

# インバウンド需要の回復

新型コロナウイルスの蔓延から4年、日本のインバウンドが復活し始めている。都内では外国人観光客の数が大幅に増え、大学では多くの留学生とキャンパスで会うようになり、❶私が参加している留学生支援サークルもようやく活気を取り戻した。JETROによると、新型コロナウイルス終息後に旅行したい国として日本はアジア在住海外旅行経験者にとって第1位、欧米豪在住海外旅行経験者にとって第2位だったそうだ。実際に現時点で外国人観光客の数はコロナ禍前の6割ほど、消費額は円安の影響もあり9割以上回復しており、インバウンド需要に大きな回復が期待される。

❷一方で、日本の観光産業は万全な状態にあるとは言い難い。コロナ禍で旅行、エアライン、ホテル業界は新卒採用を停止した。その影響は大きく、現在は人手不足が深刻である。今後はこの機会をいかにして観光産業の復活に繋げるかが課題となる。

インバウンド需要復活に向けて、観光庁を中心に国を挙げた対策が行われている。その主な施策が高付加価値旅行者の誘致と地方誘導である。

高付加価値旅行者とは、訪日旅行1回あたりの総消費額が1人あたり100万

❶ 自分自身のことから述べるのは好印象である。

❷ この指摘とこの後出てくる「高付加価値旅行者の誘致と地方誘導」の話はどうつながるのかが、よくわからない。むしろこの指摘をするのではなく新しい戦略につなげていった方が良かったと思う。

円以上の旅行者を指す。高付加価値旅行者の多くは訪問先の社会、文化的発展への貢献を重視し、周囲への影響力も大きいため、文化の成り立ちや人々の取り組みなど細部まで多くの人に発信できるという効果がある。誘致のための施策として、今年オープンしたブルガリホテル東京がある。これまで外国人富裕層が求める経験を提供できる場所が少なかったという日本の観光産業の弱点を、ブルガリホテルを皮切りに克服する狙いがある。

地方誘導とは、外国人観光客を地方に分散させ、更なる日本の魅力の発信を促す施策だ。これにより日本への再訪、都市部でのオーバーツーリズム問題の解決を目指す。そのための施策としては観光ＤＸが重視される。例えば混雑予想をアプリで発信することでオーバーツーリズムを緩和したり、個人の見たいものやその時の気分などによっておすすめの観光スポットを提案することなども可能にしている。

観光産業は今後も著しい回復が期待され、２０２５年には大阪万博の開催も控えている。これまで高い評価を得ていた多言語対応や治安の維持に加えて、高付加価値旅行と地方誘導により新たな日本の魅力を最大限に発信することで日本のインバウンド需要をさらに高めることが望まれる。

POINT

**何を主題にするのかを決めた上で構成を考える**

❸ この一文の意味がわかりにくいので、もう少し説明がほしい。

❹ 地方誘導より、オーバーツーリズム問題の話になってしまっている。

**喜治先生の指南！**

この論文で何を主題に据えているのかが見えない。段落一つ一つは良く書けているのだが、論文全体通して何を主張しようとしているのかがはっきりしない。

出題論文テーマ　中学・高校生の自殺

# 若者の自殺を防ぐ親と学校の連携

近年、若者の自殺があとを絶たない。日本全体の自殺者は減っているものの、若者の死因が病気や事故を上回り、自殺が最も多いというのは、先進国の中でも例を見ず異常である。特に、中高生の夏休み明けの自殺が多いことが話題になっており、対策が急がれている。

中学・高校生の自殺の原因は、学校でのトラブル、具体的にはいじめなどが考えられる。そのようなニュースが出るたび、学校側のいじめへの対策やその責任が問われている。しかし、いじめによる自殺について、学校がいじめをなくすことができなかった責任だと片付けてしまってよいのだろうか。

❶私はそもそもいじめをなくすことを前提に話していることが間違っていると考える。一定の人数が集まる場所では、何らかの形でトラブルが発生することは必然で、いじめは起こりうるものだ。これをなくすことは難しい。そこで、いじめをなくすのではなく、いじめによる自殺を防ぐことを考える。このことに関しては、学校と親両方に責任がある。学校は子どもの様子を親に伝え、親はそれに対処する、という連携を取る責務を果たすべきであると考える。

まず❷学校側だが、❸先生が子どもの様子を一から十まで見るべきとはせず、効率

❶「いじめをなくすこと」よりも「いじめによる自殺を防ぐこと」を考えるという視点はとてもよい。

❷「学校側」と「親側」に分けて対策を提案している点はよい。

❸なぜそう考えるのか理由を書くとよい。

的に生徒の様子を把握する必要がある。私の中学校では、年に一度アンケートに回答することで子どもの状態を見ていた。そして問題があれば三者面談で両親に伝えていた。❹実際に私はクラスで一番、そのアンケートの点数が低く、学校生活に何らかの問題があると母は先生から告げられていたし、私自身も担任の先生から何度かそのことに関して声をかけてもらい、学校のカウンセラーを紹介してもらったりもした。❺例えば紙媒体を利用するなどして子どもの把握に努めるのが一番有用であると考える。

次に❷親側であるが、子どもに今の学校に通う必要がないことを伝える必要があると考える。子どもにとっては学校が世界のすべてで、学校に行かなければいけないという固定観念がある。しかし選択肢は学校だけではないし、その学校に通い続けなければいけないわけでもない。このような助言は、教育者である学校側にはできないことであるのは明白だ。だからこそそれを伝えるのは親の責任である。

❻学校側も親も、子どもの自殺の原因を互いに押し付け合うのではなく、それを防ぐために連携していくことが一番の対策になると考える。

POINT

**独自の視点が打ち出されている**



❹ この一文は長すぎる。一文一テーマが原則である。

❺ ここは「例えば」ではなく、「このように」として紙媒体が一番有用だとした方がすっきりする。

❻ この指摘は唐突だ。「互いに押し付け合うのではなく」という部分は削除した方が文の流れからしてもよい。

**喜治先生の指南！**

「いじめ」そのものをなくすのではなく、「いじめ」があったとしても自殺をしないようにする対策を講じることに注意を払うべきという視点はよい。

出題論文テーマ 教育格差

# 教育格差はどう解決できるか

近年、教育格差の拡大が問題となっている。教育格差とは、たとえば親の所得や生まれ育った環境によって子どもの受けられる教育レベルに差が出てきてしまうことである。親がお金持ちであれば、小さい時から私立の名門校に通わせたり学習塾に通わせたりと高いレベルの教育を受けさせることができる。子どもはよい大学に進学し、最終的には大企業に就職することができる。その結果、高い収入を得ることができ、自らの子どもにもよい教育を受けさせることができる。逆に、親の所得が低いとどうなるのか。子どもを学習塾に通わせることができないだけでなく、さらには高校や大学でさえも通わせることができないこともある。その結果、子どもは安定した収入を得られる職業に就けず、また自分の子どもの教育にもお金をかけられないという悪循環に陥ってしまうのである。このように、親の収入格差によって子どもの教育レベルにも格差が生まれてしまっている現実がある。

原因の一つとして、特に大都市で学習塾や私学が広まったことがあげられるのではないだろうか。地方ではまだ私学や学習塾に通わない子どもも多いが、都市部では選びきれないほどの私学があり、また特に受験期になると学習塾に通わな

❶ 読みやすくするために改行をいくつか入れるとよい。第一段落では3行目の「親が」、8行目の「逆に、」に入れる。

❷ 前の段落で塾や私立に行かせることが教育格差を助長

い子どものほうが少ないほどである。公立の小中学校でも受験指導などの学習サポートはあるが、学校にはそれ以外にも様々な役割があるため勉強だけに力を集中するわけにはいかない。教員は学校の運営、クラスの運営など多くの仕事に追われており受験や教材の研究に十分な時間を割けているとは言い難い状況である。それに対して学習塾は勉強に特化しており、講師も教材や教え方の研究に多くの時間をかけることができる。あるいは私立の学校は独自のカリキュラムによって先取りで教育をしており、また入学試験で入学者を選別しているため学習能力のばらつきが少なく教員側も教えやすいということがある。そこで親たちはお金をかけてでも学習塾や私学に通わせるのである。

❷教育格差を改善するために、高校や大学に通うための奨学金を充実させることや、学生ボランティアによる無料の学習支援をより広めていくことなどが考えられるが、教育格差の問題は収入格差の問題だけではないため、単に金銭的なことでは解決できない。社会全体で子どもを教育し育てていくという意識を皆が持ち、社会全体でこの問題に向き合うことが大事である。

POINT

**論旨に一貫性を持たせる**

するような話を展開しておいて、いきなり「高校や大学に通うための奨学金を充実させること」とするのは論理的でない。「ボランティアによる学習支援」であればつながる。

**喜治先生の指南！**

現状把握、その原因分析、そしてそれを踏まえた対策、という形式を踏んで述べようとしているところは評価できるが、それぞれの論理の因果関係がつながっていないので唐突な印象を与える。一つひとつの論理がきちんとつながっているかどうかを注意深く考えながら論を進めなければならない。

出題論文テーマ　日本で働く外国人

# 外国人技能実習生の問題

最近、コンビニや飲食店では多くの外国人労働者が働いている。我が家の近所のコンビニで働く外国人労働者は、とても気さくで優しい方である。やる気のない日本人の若者に比べたら、一生懸命働いていて好印象だ。

街の中の飲食店を見ても分かるように、日本における外国人労働者は増え続けている。日本には、外国人技能実習制度というものがあり、❶主に発展途上国の労働者を一定期間日本で受け入れ、技術や知識を学んでもらい、本国の発展に生かしてもらうことが目的である。本来、国際協力・貢献のための制度であるが、現在では日本の労働者不足を補うためのものという側面もあるという。そして、近年この外国人技能実習生と実習先でのトラブルが相次いでいる。

❷そのトラブルの原因でもある外国人技能実習制度の問題点として3点挙げる。

1つ目は、低賃金と長時間労働である。労働時間も決められていて、時間外労働や深夜勤務、休日出勤は、割増賃金が支払われなければならない。しかし、実際には、実習先でのタイムカードや勤務記録の改ざんという悪質なケースがある。

2つ目は、暴行やセクハラである。実習生に対して暴行や脅迫、セクハラといった人権侵害が多発している。日本語が分からなくて上司に暴言暴行をされたとい

❶ この部分の指摘は欠かせない。とてもよい。

❷ 「原因」を述べる前に、そもそもどういうトラブルが上がっているかを指摘して、その上でその原因の話を続けた方がよい。

❸ その通りだと思う。

❹ 第三者機関を入れる提案が唐突に出てくるので、その理由を「受け入れ先の問題であることを考えると、その受け入れ先をきちんと監視できる第三者機関を入れなければ解決できない」と入れる。

う事例はよくあるそうだ。3つ目は、実習生の犯罪、失踪である。そして犯罪の中でも圧倒的に多いのは窃盗である。これは、実習生が経済的に困っているという背景があると推測される。

1つ目、2つ目の問題があるからこそ、3つ目に挙げた実習生の犯罪や失踪が起きてしまうと考えられる。そして、この1つ目、2つ目を日本人の上司が行っていると思うと同じ日本人として恥ずかしい。❸外国人技能実習生の問題ではなく、受け入れる側の日本人の問題ではないだろうか。この問題を解決するためには、実習生と実習先だけではなく、❹第三者機関を設置し実態把握強化を行っていくべきであろう。例えば、月に1度、実習生と面談をしたり、実習先を訪問したりする。そうすることで、実習生も実習先も「見られている」という良い緊張感につながるのではないか。そして、実習生の支援も積極的に行っていく。❺言葉の問題、住む家の問題、実習生はいろいろな問題を抱えている。その問題を少しでも取り除くことができたら、犯罪や失踪は無くなると考える。実習生、実習先、第三者機関が互いに、協力し合うことが大切だと思う。

POINT

**問題点を挙げたら、その問題点の対策をしっかり考えて書く**

❺ これらの問題を抱えていることはわかるが、この論文の最後にこの話が出てくると流れを削いでしまう。せっかく3つの原因を出したのだから、その3つに対する対策の話をしっかりするべき。

**喜治先生の指南!**

問題となっていることの知識があることは見てとれる。また、原因を分析して、その解決策を探っていく論の進め方はとてもよい。

出題論文テーマ ▶ 高齢化

# 高齢者支援と自立促進

内定 公務員

現在、日本では高齢化が進行し、❶それに伴ってさまざまな課題が浮かび上がっている。また、高齢化は今後の我々の生活に大きな変化をもたらすことも推測される。高齢化が進行していく中で、私たちには何ができるだろうか。そして、高齢者でも生き生きと暮らせる社会をつくるにはどうしたらいいのだろうか。

私はまず高齢化が進む時代に合わせて、ハード面を整えることが大切であると考える。都内もそうであるが、高齢者が多いと予想される農村地帯にもバリアフリー化を進める必要があるだろう。農村地帯では移動手段が車という場所も珍しくない。しかし、高齢者が車を運転することはとても危険であるし、長距離を自分で運転して移動することは体力的に辛いだろう。そこで、このような農村地帯には循環バスを設けて、高齢者がいつでも安心して移動できるようにしたらよいのではないか。循環バスを設けることによって、一緒に乗り合わせた人たちが交流する機会を提供することにもつながり、高齢者たちの生活をより豊かなものにできるだろう。この他にも、高齢者たちが利用できる施設をつくって高齢者たちの居場所づくりをしたり、急な階段や坂には手すりをつけたりなど、高齢者の目線で暮らしやすい町づくりを進めていくことが大切である。

❶「さまざまな課題」や「大きな変化」の中身を示さなくてはいけない。

❷祖父母が高齢になり1人ではできなくなったことを直前に挙げていた。それに比べると抽象的なので、もう少し「細やかな支援」について具体的に踏み込めると

もちろん高齢化対策はハード面だけでなく、ソフト面にも力を入れなければならない。まず、高齢者だけで生活している人たちへの支援である。私自身、生まれた時から祖父母と一緒に暮らしているため、祖父母が高齢化するにつれて1人ではできなくなっていったことをたくさん目にしてきた。例えば、手紙の細かい文字が読めない、耳が遠いので電話対応がうまくできないなどである。そんなとき、私の家の場合は同居している家族が祖父母を助けることができるが、高齢者だけで生活している人たちは誰にも頼ることができない。こういった状況の高齢者世帯が今後もさらに増えることを考えて、❷高齢者世帯への細やかな支援が必要になるのではないだろうか。❸また、介護が必要な高齢者を減らすための努力をしていくことも重要である。高齢者が積極的に社会参加できるシステムをつくり、高齢者の労働力を有効活用していくことも大切ではないだろうか。

以上のように、今後さらに高齢化が進んでいく社会で、私たちは高齢者を支えていくだけでなく、高齢者の自立を促し、協力して高齢化社会を乗り越えていく必要があると私は考える。

POINT

**複数の話題は分量のバランスが重要**

よい。

❸ これまで高齢者支援の話題が中心であったため、唐突な印象を受ける。高齢者支援の部分を削って自立促進にもう少し字数を割くか、自立促進に関しては省くか、どちらかにした方がよいだろう。

**喜治先生の指南！**

祖父母と同居しているため、高齢者の生活にどのような問題があるのかリアリティを感じさせる書き方になっている。あとは、どの話題にどの程度の字数を割くのか、バランスを考えよう。

出題論文テーマ ▶ 生成ＡＩ

# 生成ＡＩの普及で考えられること

２０２３年以降、ChatGPTという言葉を耳にすることが増えた。ChatGPTとは、文章を生成するＡＩサービスで、ユーザーが自然言語でＡＩに指示をすると、その内容を受けてＡＩが文章を作ってくれる。任意の言葉を打ち込むと人間の会話のように返答してくれる。無料で、かつ誰でも迷わず使えるために多くの人たちが使用するようになった。

ChatGPTはじめ生成ＡＩは、「いつも隣にいてくれる優秀なアシスタント」と言われている。❶人間相手では好き勝手には頼れないところを、生成ＡＩだと好ましくない相談やお願い事があっても気兼ねなくお願いできるという特徴がある。また、作成された文章の中の分からない言葉をクリックすると、その言葉が詳しく載っているページに移動することができる機能などもある。

一方で、一見すると真っ当な返答であっても、よく読むと実は違っていることがあり、自分の期待とは違う内容も出てくるため、応答内容については、人間側がその都度、適切に判断する必要がある。

例えば、大学のレポートやビジネス上の報告書などに、応答内容をコピー＆ペーストで提出するような状況は考えられるが、そのまま使えるほど甘くないと

❶ 具体的にどんな相談か例をあげるとよい。

いうことも理解しておかなければならない。分からないことが簡単に調べられるからこそ、使う側は常に自らを律しながら、質問内容から応答内容まで、使いこなすためのスキルや訓練、土台となる知識や判断力が求められる。❷生成ＡＩを適切に使いこなすためには、むしろ専門的な知識、スキルが必要である。

❸この生成ＡＩが普及することで、人間同士の会話が減ったり、自分で考えることが疎かになったりしてしまうのではないかと考える。最近では、小学校1年生からタブレットが1人1台普及されるようになった。今までは、分からないことがあると保護者や先生に聞くことで生まれた会話もタブレットで調べてしまえば失われてしまう。相手の顔を見て、どんな風に聞いたらいいか、自分が言った言葉で相手はどんな表情をしているのか、この表情から相手はどんな気持ちなのか、というように相手のことを考えながら行動することが減ってしまう。コミュニケーション能力を学ぶ場を奪ってしまっているのではないか。社会性を身に付ける段階の子どもたちにとって、❹生成ＡＩが身近にあることで学べないことも出てきてしまっていることは否めない。

POINT

## 論文としてのまとまりを考えよう

❷ ＡＩは使えないとも受け取れるため、もう少し説明が必要。

❸ この段落の指摘はとても良い。

❹ ここでいきなり終わってしまうのはおかしい。まとめがないと論文としてのまとまりがつかない。

**喜治先生の指南！**

論文全体で何を言いたいのかがよくわからないものとなってしまっている。最後の段落の指摘はとてもいい指摘だと思うので、むしろここをメインの主張として論文全体の構成を考えた方が良かった。

出題論文テーマ キャッシュレス化

# キャッシュレス化のメリットデメリット

近年のICTの進展に伴い、急速にキャッシュレス化が進んでいる。訪日外国人客の支払いは大半がキャッシュレスとなっており、キャッシュレス社会が世界的に浸透しつつあることを実感させられる。しかし、日本は他の先進諸国に比べてキャッシュレス決済の比率が低く、キャッシュレス化が遅れているのも実情である。日本政府はキャッシュレス化を進めるべく、ポイント還元事業を行うなどして推進に尽力している。

なぜそれほどキャッシュレス化が重要なのであろうか。メリットとしてまず挙げられるのが、スピーディーな決済の実現である。身近な例で言えば、私たちが店舗で決済をする際の、硬貨を出す手間やお釣りをもらう手間が省かれることとなる。カード1枚、あるいはデジタル端末1つで❶簡単に支払いができるようになるため、個人消費も拡大するだろう。カード決済だからついつい買いすぎてしまった、という経験を持つ人も多い。企業レベルでも、❷企業間の送金が容易になるため、ベンチャー企業などを中心に経済が活性化するだろう。また、キャッシュレス決済は、現金を流通させることで生じるコストを削減することが可能となる。現金は、貨幣の製造、輸送、ATMの設置といったさまざまなコストがかかっ

❶その場で財布を開く手間が省けることで「個人消費も拡大」すると言えるだろうか。むしろ、手元に現金がなくてもすぐに買えるからではないだろうか。

❷そもそも企業間で現金のやり取りすることはあまりない。

❸キャッシュレスといってもスイカなどのカードを使って決済することくらいはそ

て初めて使用することが可能となるが、キャッシュレス化が進み現金の流通量が減れば、必然的にこれらの費用を削減することができるだろう。

一方、デメリットとしては、③デジタル格差の拡大が挙げられる。ＩＣＴの発展によって誰もが恩恵を得られるわけではなく、実際には、高齢者のようにデジタル社会に対応しきれない人もいる。また、キャッシュレス決済の際に使用される個人情報が流出するという危険とも常に隣り合わせである。万が一、個人情報が流出するようなことがあれば取り返しのつかないことになってしまうため、このことを懸念して個人情報の提供をためらう人も多いと思われる。さらに、送金の利便性を利用した新たな犯罪が蔓延している。近年、架空請求による被害や偽サイト経由での詐欺被害など、新たな形式の詐欺が問題になっている。昨年には、ドコモのｄ払いを悪用した不正利用の被害が大きな話題を呼んだ。

キャッシュレス化は、今後ますます進行していくだろう。キャッシュレス化の流れに上手に対応しつつも、今まで以上に④自分で自分の身を守っていく意識をもつことが求められよう。

POINT

**デメリットを挙げたら、対策も明示する**

れほど難しいことではないので「デジタル格差」「デジタル社会に対応しきれない」というのは大げさすぎる気がする。

④ どうやれば守れると思うのか。具体的なことが1つでも出せるとよかった。

**喜治先生の指南！**

「メリット」を挙げ、しかし「デメリット」もあると指摘した上で、そのデメリットをなくす方法を示すという論の進め方は、いろいろな場面で使える方法。デメリットに対して何かしらの対策をしっかりと明示できると論文が締まる。そこが考えどころだ。

出題論文テーマ 社会問題

# ヤングケアラーについて

近年、日常的に家族の介護や幼い兄弟の世話をする子どもや若者が増えている。このようなヤングケアラー問題の実態が最近明らかになりつつある。本論文では、ヤングケアラーに関する問題について述べる。

第一の問題として、学業への支障が挙げられる。これは、特に就学すべき年齢の子どもたちにとって大きな負担となっている。❶家族の介護を理由に自分の進学などを諦めるケースも多いという。

第二の問題として、人間関係・友人関係の希薄化が挙げられる。ヤングケアラーにとって介護や家事をすることは日常である。それに伴い、たとえ友人から遊びに誘われたとしても断ることが予想される。しかし、子どもたちにとって学校は人間関係構築の場として重要であるため、早期の対策が必要である。

上記二点の問題に対しては、学校や教師のサポートが欠かせないと考える。例えば、❷スクールカウンセラーといった専門家を配置することも効果的だろう。しかし、ヤングケアラーという問題は生徒の家族、すなわちプライベートな部分に関わる。したがって、学校側が生徒の学校生活を守るために、どこまで踏み込んで対応するのかという点で柔軟性が課題となると考える。

❶「就学すべき年齢の子どもたち」が、「自分の進学を諦める」ケースがどれほどあるのだろうか？　少し違和感がある。

❷専門家を配置したとして、何を「専門的」に見てもらうのか。人間関係に悩んでいるようなケースとも違うと思うので、ただ「スクールカウンセラーを配置」と書いただけでは内容は伝わらない。

❸「実態把握の難しさ」ゆえに、どのような事態が起こっているのかをきちんと指摘してほしい。

第三の問題として、③実態の把握の難しさが挙げられる。ヤングケアラー数は増加傾向にあるものの、学校や他の生徒たちの理解は追いついていないのが現状である。また、周囲の人々からは家の手伝いをしている良い子として認識される場合もある。そのため、ヤングケアラーが他者に相談したとしても理解されないと思い、一人で抱え込むことも多い。このような問題に対しては、学校や自治体が中心となって調査を進めることや無料で相談できる場を設けることが必要だと考える。最近ではＳＮＳなどを活用した相談の場も整備されつつあるが、若者たちが積極的に利用できるよう、啓発が求められるだろう。

以上のように、④ヤングケアラー問題は近年明るみに出てはいるものの、対策が十分に講じられているとは言い難いのが現状である。ヤングケアラーをサポートするためには、自治体、さらには国として取り組む必要があるだろう。行政は、彼らを近くで見る学校側との連携のもと、早期に実態の把握及び人材の配置を促進することが必要になると考える。

POINT

**問題の指摘、解決策の提示があり、構成がしっかりしている**

④ 家族を介護せざるを得ない状況であるがゆえに、ヤングケアラー自身が、自分がヤングケアラーであると認識できていないこと、そして本来守られるべき子どもの権利が守られていないことが問題であることを、この機会に知っておこう。

**喜治先生の指南！**

最近新しく認識され出した問題であり、ある程度知識がないと論文を書くのも難しかっただろう。そういうときは、とにかく考えられる問題点を指摘し、その問題の原因を考え、解決する糸口を書ければ十分合格答案になる。

出題論文テーマ 英語の社内公用語化

# 英会話から生まれるアイデア

❶私は、英語を社内公用語とすることは、企業にとって有効であると考える。まず、普段の会話から英語を使用することにより、英語を効率よく身につけることができる。社員の英語力を高める方法としては、例えば英語の資格試験を義務付けるなどの方法もあるだろう。しかし、英語を話す際に、頭で文の構造を組み立ててから話し始めるのではなく、とっさに言葉が出てくるようにするためには、やはり普段から英語を話して練習しておくことが必要になると考える。実際に、英語でスムーズなコミュニケーションをとるためにはそこまで英語が身についていることが必要になってくるだろう。また、各々で英語の習得に取り組むよりも、社内公用語を英語にすることで、仲間と一緒に英語力の向上に取り組んだ方が、社員にとっても英語を習得するモチベーション❷が高まるのではないだろうか。

また、外国の企業と連携して仕事を進める際にも利点が大きいだろう。もちろん、通訳を介さず会話ができることでスムーズに仕事を進められるのが最大の利点であるが、それは元々英語の得意な社員に外国企業との交渉を担当してもらうことでも可能である。❸英語を社内公用語とする利点は、❹社員全員が英語に慣れる

❶ 冒頭で自分の立場をはっきりとさせている点は、論文全体を読みやすくして好印象だ。

❷ 英語を習得しなければ仕事にならないのだろうから、モチベーションというよりもっと義務的だろう。

❸ この後に続くあなたのアイディアをしっかりと読んでもらうためにも、ここで、「しかし」などの接続詞を入れておきたい。

ということだと考える。仕事のアイデアが日常会話から生まれることは多い。社内に外国企業の社員と英語で何気ない会話ができる社員が多ければ多いほど、アイデアが生まれるチャンスも増えるのではないだろうか。こうした会話を通した積極的なコミュニケーションが増えることにより、会社同士の連携も深まり、仕事がはかどると考える。

さらに、外国人を相手に接客する際にも、社員全員が英語に慣れていることが重要になると考える。英語を話せる社員を外国人客の対応担当としておくという方法もあるが、社員全員が英語を話すことができれば、⑤緊急時などにスムーズな対応ができるようになる。例えば、何か災害が発生した時や、外国人客の具合が悪くなった時など、社員全員が英語を話せた方が迅速に対応をとることができる。新型コロナウイルスの水際対策緩和により、これからますます多くの外国人観光客を迎える日本において、こうした対応のできる企業を増やすことは重要になってくるであろう。

以上の理由から、私は社内公用語を英語にすることは、その企業にとってもこれからの日本にとっても非常に利点が多いと考える。

POINT

**意見→理由→結語の流れがよい**

④ この指摘はとても素晴らしい。

⑤ この指摘も大変よいと思う。欲を言えば、「東京オリンピック」を出すのであれば「おもてなし」の心からの話に展開するのも1つの方法であった。

**喜治先生の指南！**

冒頭で自分の意見を述べた上で、その理由を述べ、最後に結語で締めくくっており、とても読みやすい文章になっている。3段落目で、社内公用語にすることのメリットを「アイデアが生まれるチャンスも増える」とした部分はとても評価できる。

出題論文テーマ ▶ SNS

# ネットでの誹謗中傷

　ＳＮＳの普及により、我々は他者とのコミュニケーションを円滑に行うことが可能になった。一方で、それらが匿名で使用でき、また不特定多数が閲覧可能であるがゆえに誹謗中傷をはじめとする問題も増加している。以下、ネット上の誹謗中傷問題について述べる。

　❶第一の原因として、ネット上では誰しもが加害者になり得るということへの理解不足が挙げられる。確かに、インターネット空間では本名を隠すことが可能である。しかし、実際には投稿したものは証拠として残り、投稿者を特定することも可能である。最近でも、誹謗中傷を原因とする自殺について、加害者が特定され裁判が行われた事例があった。

　第二の原因として、価値観の押し付けが挙げられる。インターネット上は多様な価値観を持つ人が集まり、自由に意見を述べることができる。その結果、自身と異なる価値観を持つユーザーに対して否定的な意見を述べ、❷それが誹謗中傷を導く危険性がある。

　上記二点の問題への対応として、プラットフォーム上でＡＩなどを活用して不適切な投稿を防止することも有効だと考える。しかし、このような方法は表現の

❶ 唐突な感じがする。「誹謗中傷問題」についてもう少し説明した上で、「なぜそのようなことが起きてしまうのか」という導入にした方がよい。最初の段落で「なぜ自殺に追い込んでしまうほどの誹謗中傷が簡単に行われてしまうのか」と言っていれば、その「原因」とうまくつながった。

❷ どのように誹謗中傷を導くかを示してほしい。

自由の侵害に当たるという意見もあるだろう。そこで、まずユーザーは投稿する前に内容を精査する必要がある。具体的には、相手を尊重する態度に欠けた投稿ではないか、相手を過度に攻撃する投稿ではないかといった点が挙げられる。

第三の原因として、被害者が助けを求められる環境が不足していることが挙げられる。最近では、アスリートや著名人が誹謗中傷の被害に対して声をあげることも増えている。しかし、被害者は著名人だけではない。インターネット上で被害に遭い、誰にも相談できずに悩む一般の人がいることも事実である。③一般のユーザーも気軽に相談でき、被害を防止する仕組みを整備することが喫緊の課題であると考える。

このようにSNSの普及には誹謗中傷という負の側面がある。1つのコミュニケーションツールとして活用していくためには、各々がマナーを守ると同時にセーフティーネットを予め設けることが求められる。行政は「全体の奉仕者」として、マナー啓発と被害防止に向き合う必要があると考える。

POINT

**原因を指摘し、対応策を提示している**

③ 課題の内容が具体的とは言えないが、この字数の論文であれば、この程度の指摘でも十分と言える。ここで悩んで課題を書けずに終わらないようにしよう。

**喜治先生の指南！**

大きな流れとしてはよくできているが、短く省略されて読みにくくなってしまっているところがあり残念。文と文のつながりをしっかりと考えて書くことが大事。

出題論文テーマ ▶ 物価上昇

# 物価上昇について

　日本の物価上昇は留まることを知らない。昨年食品の値上げが始まって以降「値上げラッシュ」という言葉を毎月のように耳にするようになり、毎月値上がりする商品がテレビで報道される生活になった。数十年前から物価上昇は大きな問題だったが、近年それがさらに深刻化してきたように思える。実際に電気代だけで考えても、2023年1月の電気代が、2021年1月に比べて約2．1倍になっているという。

　先日は、値上げラッシュのニュースの関連として「千円では食べられないラーメン屋」という特集が組まれていた。かつては千円以下で食べることが当たり前だったラーメンだが、物価上昇により多くの店が千円以上での提供をしている状況の中で、いかに店を守り抜くかという趣旨のニュースだった。❶価格が猛スピードで高騰していく中で、自身の金銭感覚が全く追い付いていないことを実感する。

　そもそも、なぜ物価の上昇が起こるのだろうか。主な理由としては2つ挙げられる。1つ目は資源価格の高騰である。原料費が上昇したことで自ずと商品の値段も上げざるを得ない。近年はウクライナ侵攻によるロシアに対する経済制裁として、ロシアの石油やガスなどの天然資源の輸入を制限した。また新型コロナウ

❶ 面白い指摘だと思うので、もう少し説明がほしい。

❷ 「が」で文をつなげると一文が長くなり伝わりづらくなるので、「が」は使わない方が良い。

イルスの蔓延や度重なる異常気象により資源の製造に大きな遅れが出た。この2つがほぼ同時期に発生したことにより資源不足が深刻化したと考えられている。2つ目は急速な円安化とその長期化である。❷円安時は海外から日本への輸入コストが高くなるが、資源や食品などを輸入に頼っている日本の物価は為替の影響を非常に受けやすいため、大打撃となった。これら2つの理由により、日本は近年物価上昇速度が著しく速く、収束の見込みも見えていないのではないかと考える。さらに今後新たな増税の可能性があることを鑑みると、物価上昇はさらに加速することが予想される。

しかし、物価の上昇を私たち消費者の手で食い止めることは困難である。❸したがって、私たちでもできる努力をすることが物価上昇に対抗する唯一の手段になるのではないか。例えば、節水や節約はもちろんのこと、フードロスを減らすというだけでも効果は大きい。実際に日本経済新聞から、❹食品ロスを6割減らすと物価高を吸収できると言うデータが出ている。

❺日本の物価上昇はもはや一時的なイレギュラーではなくニューノーマルとなりつつある。長期的に向き合うべき問題として対策を打つ必要がある。

POINT

**構成がしっかりとしているとさらに読みやすくなる**

❸「物価上昇に対抗する手段」というのはきちんと説明した方がわかりやすいと思う。

❹もう少し説明が必要。

❺なぜそう考えるのか、理由を示すべき。

**喜治先生の指南！**

実感としての物価高、その要因分析、今後の見通し、そのなかで消費者である自分ができることという流れでよく書けている。この流れは一つ覚えておこう。

# 町を見渡す丘

出題論文テーマ　切り札、○○の前夜、一石二鳥



あるところに大そう心優しく、たくましい男がいた。男には1人の妹がいた。この妹は大そう美しく、そして男と同じくらい心の優しい娘だった。だが娘は体が弱く、1日のほとんどをベッドで過ごしていた。男には妹しか家族がいない。だから、妹の薬のお金を稼ぐために毎日働いた。それでも足りないときには借金もした。ある時、往診に来たお医者様がこう言った。

「もう治る見込みはないだろう。心臓がちゃんと動いていない。」

「どうにか治す方法はないのですか。たった1人の妹なのです。」

お医者様は難しい顔をして言った。

「移植という切り札❶がある。つまり、この娘にぴったり合う新しい心臓を見つけることができれば助けられるかもしれん。だがそれはとても難しいことだ。」

その日から男は町中を駆けずり回って妹にぴったり合う心臓を探した。だが全く見つからなかった。そうこうしているうちに、妹はすっかり衰弱してしまった。

そして妹は死の前夜❶、こう言った。

「お兄ちゃん、1つだけ願い事を聞いてほしいの。私が死んだら、この町を見渡せるような丘にお墓をつくって。」

❶ 指定された全く関連のない3つの用語をうまく使って一貫性のあるストーリーをつくる、という問題だが、この文章は3つの用語をうまく取り入れており、とてもよくできている。

男は泣きながらうなずいた。翌日、男は葬式をあげた。だが薬代のために借金がたまっており、お墓をつくることができなかった。男は悲しみと貧しさのあまり、どんどん衰弱し寝たきりになった。

「そうだ、妹のように病気で困っている人に俺の体を分けてあげよう。その時に少しばかりのお礼を頂けば、墓をつくってやれる。病気の人が救えるし妹の願いをかなえられる。❶一石二鳥じゃないか。」

男は古い友人を呼び寄せた。その友人の名前はツバメといった。

「妹のように病気で困っている人に、俺の体の一部を分けてあげてくれないか。その代わり、少しばかりのお礼を頂いてきてほしいんだ。その金で妹の墓をつくりたい。」

❷ツバメはうなずき、男の言うとおりにした。初めにがんで苦しむ人に肝臓を分けた。次にやけどで苦しむ人に皮膚を分けた。次に腎臓、次に胃腸、次に……。そしてとうとう十分なお金が貯まった。

「やっとお墓がつくれるぞ。よかったな。」

ツバメはベッドで寝ている男にそう言った。だが、もうそこには男の服と脳しか残っていなかった。ツバメは泣きながらそれらを抱えて、町を見渡せる丘に男と妹の墓を建てた。

POINT

**時間配分に注意し、きちんとした文章を書く**

❷ ストーリー性や最後のオチを考えすぎて、時間がなくなってしまうようなことにならないよう注意しなくてはならない。このオチはよくまとまっていてよい。

**喜治先生の指南！**

考える時間内はあれこれ考えるとしても、ある程度で割り切ってストーリーを決めてしまうことが重要。ストーリーの良し悪しより、文章がきちんと書けるかに重点をおこう。

出題論文テーマ▶手拭い、骨抜き、虎視眈々

# 落語で知った新しい世界



「あんまり名前が長いんで、たんこぶがひっこんじまった。」

高座に座る落語家がそう締めくくったが、拍手はまばらだった。小学校の芸術鑑賞教室で、落語を見た時のことだ。この時の私は全く落語に興味を持っておらず、椅子に座ったままぐっすり眠っていた。その落語家の名前は今では覚えていない。

その晩、姉に芸術鑑賞教室の様子を聞かれ、私はよく眠れたと素直に報告した。「けっこういい落語家さんが来たのにもったいない」と姉に言われたが、私は全く意に介さなかった。

それから数年後、私は高校生になった。

「落語の独演会のチケット貰ったんだけど、一緒に行かない？　どうせ暇でしょ。」

ある時、母がそう言って私を県立ホールへ連れて行った。落語に興味を持ったというよりも、「たまには一緒に出かけるのも悪くないかな」という気持ちで、私は母について行った。県立ホールは、1人で来ている高校生や、老夫婦、サラリーマン風の男性、友達で集まっている大学生などさまざまな人であふれていた。

❶テーマの設定は何でもいいので、いくつかのテーマの話をあらかじめ用意し、その中に指定の用語をはめ込んでいく方が文をつくりや

しばらくして開演時間になり、高座が始まった。初めは前座という新米の落語家が登場する。扇子を使ってそばをすすったり、❶手拭いを財布に見立ててお金を払ったりする様子を見ても、私はあまり面白いと思わず、退屈し始めていた。そして何人か演者が入れ替わり、メインの落語家が登場した。柳家喬太郎という落語家だ。そのころには私の眠気はピークに達していたが、母に悪いと思い、どうにか目だけは開けているような状態だった。だがその状態も長くは続かなかった。場内は笑い声でいっぱいになり、私も腹の底から声を出して笑っていた。帰るころにはすっかり私は柳家喬太郎という落語家に❶骨抜きにされていた。

それから、私は母の機嫌のよい時を❶虎視眈々と狙って、落語会に連れて行ってくれるよう頼んだ。落語のCDを借りるようにもなった。こんなに面白いものだともっと早く気づけばよかったと思った。

❷面白くないと思っているものでも、いつか楽しいと感じるかもしれない。よくわからないものでも少し我慢して興味を持てば、その先に広い世界が広がっているかもしれない。私は落語を通して、興味のアンテナを広く張ることの大切さを学んだ。これからは、少しの我慢を乗り越えて、その先の楽しさを積極的に見つけていきたい。

POINT

**テーマの1つを最後に使い、文を光らせる**

すいだろう。この文章は、3つの用語を無理なくあてはめていてよい。

❷ 3つの用語を関連させてストーリーを展開する必要はないが、最後の結びに1つ入れられるとさらによかった。

**喜治先生の指南！**

とてもよくできている。さらに文章を光らせるために、3つの用語のうちの1つをストーリーの最後のオチとして使えるととてもよくなる。その場合、まずオチを決めておいて、その後、残りの2つの用語をうまく入れ込むのがよいだろう。

# キラリと光る小論文を書くためのポイント10！

最後に、小論文を書くときに大切なポイントをピックアップしました。小論文に挑む前に、必ずチェックしましょう！

- □ 結論までの道筋をしっかり組み立てたか？
- □ くだけた表現は避け、文体は統一したか？
- □ 1つの文に言いたいことは1つになっているか？
- □ 自分の意見を打ち出せているか？
- □ 自分の体験も交えて話を展開しているか？
- □ 論旨に一貫性はあるか？
- □ 多様な意見を取り上げて論じているか？
- □ 簡潔な表現でわかりやすい文章になっているか？
- □ 改行をうまく用いて読みやすくなっているか？
- □ 内容と合ったタイトルをつけているか？

特別付録

# 重要

# 時事
# トピック

# 1 長期化するウクライナ侵攻

2022（令和４）年２月24日のロシアによるウクライナ侵攻以来、戦闘が各地で展開されてきました。民間人も多数犠牲になり、国連難民高等弁務官事務所（UNHCR）によると、2023（令和５）年９月時点で約620万人が世界各地に避難しています。NATO諸国などの支援を受けてウクライナ軍は反転攻勢によりロシア軍に占拠された地域の奪還に動いてきました。しかし、６月のロシアの民間軍事会社ワグネルによる武装反乱の影響など不透明な状況もある中で激しい攻防は続いています。

ウクライナ侵攻は世界の経済、社会、安全保障にさまざまな影響をもたらしています。戦闘の長期化でウクライナへの支援疲れも出始めているとされている中、９月の国連総会で演説したゼレンスキー大統領は団結をすることで平和をもたらすと国際社会に改めて支援を呼びかけました。しかし、資源価格や食料価格の高騰で深刻な危機に直面している途上国・新興国からは欧米の支援が戦闘を長引かせているとの不満も出ており、国連加盟国内でも分断が進んでいます。

きじのひとこと 喜治の一言

「殺し合い」は一刻も早くやめるべきだ。どちらが仕掛けたか、どちらが悪いかではない。ともかく人命を守らなければ。ウクライナ側への武器の供与、国連でのロシア非難…それでは尊い命は守れない。

# 2 G7広島サミット

2023（令和５）年５月19〜21日まで、広島県で日本を議長国とするG７広島サミットが開催されました。「法の支配に基づく国際秩序の堅持」と「グローバル・サウスへの関与の強化」の２つの視点から、地域情勢（ウクライナ・インド太平洋）、核軍縮・不拡散、経済安全保障、気候・エネルギー、食料安全保障、保健などを重要課題として討論。ブラジル、コモロ（アフリカ連合議長国）、インド（G20議長国）、インドネシア（ASEAN議長国）など８招待国と７招待機関との会合やQuad首脳会合、ゲストとして来日したウクライナのゼレンスキー大統領との会合も行われました。

討議の成果をまとめた首脳宣言「G７広島首脳コミュニケ」ではウクライナ支援とグローバル・サウス諸国などと協力して自由で開かれた国際秩序を堅持していくとする方針を打ち出しました。そのほかに、ウクライナ支援や核軍縮に関するG7首脳広島ビジョンなどの５つの個別声明がまとめられました。また、サミット期間中には各国首脳・機関の長による原爆資料館の視察と慰霊碑への参拝・献花が行われています。

きじのひとこと 喜治の一言

今回のテーマは「分断と対立ではなく協調の国際社会の実現に向けたG7の結束の確認と役割の強化」という。G７が結束することがロシアや中国との対立を生み、世界の国々を巻き込んで分断が進むようにも思う。

## 3 安全保障政策の転換

2022（令和４）年12月、政府は国家安全保障会議と閣議で国家安全保障戦略、国家防衛戦略、防衛力整備計画の３文書（戦略３文書）を決定。国家安全保障戦略では戦後最も厳しく複雑な安全保障環境に直面しているとし、中国、北朝鮮、ロシアを安全保障環境の課題に掲げ、防衛体制強化として反撃能力の保有や2027（令和９）年度の防衛費をGDPの２％に達するようにすることなどが明記されました。国家防衛戦略では10年程度の防衛の目標とアプローチを掲げ、防衛力整備計画では2023（令和５）から５年間で総額約43兆円の防衛力整備の内容と10年後までの整備目標などが示されました。

2023（令和５）年３月に成立した2023（令和５）年度予算では６兆7880億円の防衛費が計上され、新たな枠組みの防衛力強化資金とあわせると、防衛関連予算は10兆円を超えました。この防衛費の財源の一つとして2022（令和４）年12月に閣議決定した税制改正大綱では2027（令和９）年度に１兆円強を確保すべく段階的に法人税、所得税、たばこ税を増税することが示されています。

きじのひとこと
喜治の一言
日本を取り巻く国々の状況を見る限り、防衛体制強化はわかりやすい。しかしウクライナとロシアを見ていればわかるとおり、最後は人と人が対峙する。若い読者諸兄姉が直面する問題だ。しっかり政治に関心を持ってほしい。

## 4 資産所得倍増プランの決定

岸田政権は2022（令和４）年11月に新しい資本主義実現会議で資産所得倍増プランを決定。家計金融資産の半分以上を占める現金や預金を投資につなげることで「成長と資産所得の好循環」を実現させるべく、①NISAの拡充・恒久化、②iDeCo制度の改革を中心とする取組が推進されます。①では2024（令和６）年１月以降、非課税期間は恒久化され、つみたて投資枠と成長投資枠で年間合計360万円まで投資できるようになります（上限合計1800万円）。②には企業型DB加入者の拠出限度額の引き上げや加入年齢を70歳未満までとすることなどが盛り込まれています。

岸田政権では構造的な賃上げの実現を掲げており、2023（令和５）年の春闘での賃上げ率は平均3.58％と約30年ぶりの高い水準を実現。また、８月に公表された2023（令和５）年度の最低賃金は全国平均で過去最高額となる43円の引き上げで平均時給が1004円となり、初めて1000円を超えました。政権では今後も物価上昇に負けない賃上げの流れを強化するとしています。

きじのひとこと
喜治の一言
非課税枠の活用で、約2000兆円の現金・預金の個人資産が、株式市場に流れ、企業の投資意欲が高まり、経済成長につながるイノベーションも起こりやすくなるという理屈。一方で個人資産が株価暴落で目減りすることもあるはず。

## 5 物価高と円安

2022（令和４）年以降、世界的に物価上昇が続いています。新型コロナウイルスからの経済回復が進む中での原材料・資源価格の上昇に加えウクライナ侵攻の影響から、IMF（国際通貨基金）によると2022（令和４）年の世界の物価上昇率は8.7%となり、2023（令和５）年も6.8%の上昇が見込まれています。日本でも2023（令和５）年９月の消費者物価指数は総合で106.2（2020年を100）となり、上昇が続いています。日本では円安も物価上昇の要因の１つとなっています。円安と原材料・資源価格の上昇で2022（令和4）年度の貿易赤字は過去最大の21兆7546億円に上りました。

政府は2022（令和４）年４月の総合緊急対策や10月の総合経済対策などで、原油・物価高騰や円安への対策に取り組み、2023（令和５）年１月からは一般家庭の電気・ガス料金の負担軽減策も行われてきました。なお、ガソリン価格は国からの燃料元売り各社への補助金が段階的に縮小されていましたが、縮小と産油国の減産の影響から高騰が続き、９月７日以降、再び補助金を拡充しています。

**きじのひとこと 喜治の一言**
原材料費の上昇に伴い物価が上昇しても賃金の上昇へは結びつかない。消費者としては切り詰めるしかない。となればモノは売れず経済は萎んでいく。これに増税となれば一体どうなるのか。結婚、出産どころではない。

## 6 異次元の少子化対策

岸田文雄首相は2023（令和５）年１月23日の施政方針演説で「次元の異なる少子化対策を実現」したいと表明。４月には子どもに関する政策の司令塔的な役割を果たすこども家庭庁が発足し、６月には「こども未来戦略方針」が閣議決定されました。同方針では、①若い世代の所得を増やす、②社会全体の構造・意識を変える、③すべての子ども・子育て世帯を切れ目なく支援する、の３つを基本理念に掲げています。具体的には、児童手当の所得制限の完全撤廃と給付対象の拡大、出産育児一時金の増額、出産費用の保険適用導入、高等教育の無償化拡大や授業料後払い制度の抜本拡充、男性の育休取得目標率の大幅引き上げ、育児休業給付の手取りを10割に引き上げ、こども誰でも通園制度の創設などに３兆円半ばの規模で取り組むとしています。

背景には急速に進む少子化と人口減少問題があります。2022（令和４）年の出生数は80万人を割り込み、少子化と人口減少は加速しています。そのため若者人口が急減する2030（令和12）年までを人口減少を食い止めるラストチャンスとしています。

**きじのひとこと 喜治の一言**
「次元の異なる」対策という割にはこれまでの政策の拡充にとどまっている。「ワンオペの実態を変える」というが、男性が育児に参加し始めたころから少子化は進んでいる。もっと次元の異なる対策が必要だ。

## 7 福島第一原発処理水の放出

東京電力・福島第一原発では核燃料デブリの冷却水や原子炉建屋などに流れ込んだ地下水・雨水が高濃度の放射性物質を含む汚染水となり、多核種除去設備での浄化や遮水壁の設置などで対策してきました。しかし、処理設備で除去できない高濃度のトリチウムを含む処理水が増え続け、処分方法が検討されてきました。2021（令和3）年4月、政府は処理水を海洋放出する方針を決定し、2022（令和4）年7月、原子力規制委員会は東京電力の放出計画を認可。トリチウム以外の放射性物質の濃度が国の基準を満たすまで再浄化を行ったうえ海水で希釈した処理水（ALPS処理水）が、第1回目として2023（令和5）年8月24日から9月11日に海洋放出されました。

放出に当たってIAEA（国際原子力機関）の安全確認を受け、政府は国際社会にも理解を働きかけてきましたが放出に反対する中国は放出初日の8月24日に日本の水産物の輸入を全面停止すると発表。8月31日にWTO（世界貿易機関）に輸入停止の決定を通知したことから、日本政府は即時撤廃を求める反論をWTOに行っています。

きじのひとこと 喜治の一言
専門家が安全だというのだから安全なのだろう。放出の理由は経産省HPによれば「巨大なタンクによる敷地のひっ迫」だという。敷地があって、タンクが造れるなら放出はしないということなのか。敷地はたくさんある。

## 8 新型コロナウイルス5類へ移行

2019（令和元）年以降、中国から全世界に感染が拡大した新型コロナウイルスとの戦いが続いていましたが、2023（令和5）年5月5日、WHO（世界保健機関）は2020（令和2）年1月に宣言した「国際的に懸念される公衆衛生上の緊急事態」を解除すると発表しました。世界各国と比べて日本の制限緩和は遅いとされていましたが、2023（令和5）年4月29日から陰性証明書やワクチン接種証明書を求める水際対策が完全に終了し、5月8日から新型コロナウイルスは感染症法上で2類相当から季節性インフルエンザと同等の5類の扱いとなりました。

5類への移行により、患者数・死亡状況などのデータは全数把握から定点医療機関からの報告に基づき1週間ごとにまとめて公表される形式となり、感染者への入院勧告や外出自粛要請、マスクの着用など日常における感染対策について国が対応を求めることはなくなりました。ワクチンは2024（令和6）年3月末まで自己負担なく接種できますが、通院や治療にかかる医療費は基本的に自己負担となっています。

きじのひとこと 喜治の一言
コロナ禍では新しい働き方、テレワークが浸透した。他方で、Twitter（現X）を買収したイーロン・マスク氏は、リモートワークを禁止したという。これからは働き方も就職先を選ぶ要素の1つとなる。

## 9 生成AIの利用と課題

生成AIとはコンピュータが学習した大量のデータをもとに文章や画像、音声など各種コンテンツを新しく生成できる人工知能で、2022（令和４）年11月に米国のOpenAI社がChatGPTを公開して以来、急速に広がっています。「令和５年情報通信白書」では生成AIの市場規模は2022（令和４）年の1.2兆円から2030（令和12）年には14.2兆円に拡大すると予測。生成AIは生産性向上や社会課題を解決し、企業・産業の業務変革などを推進するとされていますが、一方で問題点も指摘されています。

2023（令和５）年３月、イタリアの情報保護当局はChatGPTの個人情報の収集が同国の個人情報保護法に違反する疑いがあるとして利用を一時的に禁止すると発表し、各国にも規制強化検討の動きが広がりました。また、生成AIで作成されたフェイク画像の拡散や著作権侵害の問題なども起きています。生成AIの開発・利用・提供にあたっては国際的に管理・運用体制を取り決めていく必要性があることが、2023（令和５年）のG７デジタル・技術大臣会合やG７広島サミットで合意されています。

きじのひとこと
喜治の一言

就職活動中、志望動機や自己PRを書くエントリーシートをAIに書かせる学生もいる。企業はそのエントリーシートをAIに選別させるという。これでも社会が回るのであれば、エントリーシートなんていずれいらなくなる。

## 10 マイナンバーカード、保険証と一体化

マイナンバーカードは2016（平成28）年１月に交付が開始され、2023（令和５）年９月24日時点での人口に対する申請状況は78.2%となっています。2022（令和４）年10月、政府は2024（令和６）年秋に現行の健康保険証を廃止してマイナンバーカードに一本化する（マイナ保険証）などの方針を発表。2023（令和５）年６月、一体化などを盛り込んだ改正マイナンバー法が成立しました。

一方で医療従事者団体の調査でマイナ保険証に他人の情報が登録されていたケースがあることが判明し、デジタル庁の点検の結果、7372件が誤登録されていました。公金受取口座やマイナポイントでの誤登録なども判明し、デジタル庁では2023（令和５）年８月中旬以降、個別データの総点検を行っています。政府はマイナ保険証を持たない人に対する資格確認書の有効期間を最長で５年まで柔軟化する対策も新たに公表していますが、個人情報への不安は払しょくされておらず、医療や介護の現場からは健康保険証の廃止は医療現場の混乱などを招くと懸念する意見も出ています。

きじのひとこと
喜治の一言

マイナンバーカードの混乱。公務員が真面目に取り組んでいるのに、なぜこんなことが起こってしまうのかが不思議でならない。人為的ミスだから仕方がないというが、そうではないと思う。どんなことが想像できるだろうか。

## 11 インボイス制度

インボイスは適格請求書ともいい、登録番号、適用税率、消費税額の記載された請求書で、売手が買手に対して正確な適用税率や消費税額などを伝えるためのもので、2023（令和５）年10月からインボイス制度が導入されました。買手は仕入税額控除（売上時に受け取った消費税額から仕入時に支払った消費税額を差し引いて納税するしくみ）の適用を受けるためには、売手の発行したインボイスが必要になります。

制度が制定された背景には、消費税の10％への引き上げに伴い軽減税率が導入されたことで、商品ごとの税率や税額がわからないと正確な税率が計算できなくなったことがあります。一方で、インボイスの発行には発行事業者の登録を受ける必要があり、免税事業者であった小規模事業者（中小企業や個人事業主）も課税事業者になる必要があり負担が増加することから反対意見が出ていました。そのため、2023（令和５）年４月に制度の見直しが行われ、一定期間、小規模事業者に対する納税額の軽減や少額取引ではインボイスがなくても可能になるなど、負担軽減措置が取られました。

きじのひとこと
喜治の一言
私たちがモノを買ったときに支払う消費税がきちんと税務署に払われなければならないのは、当然である。それを確認できるようにするためのインボイス制度がいままでなかった方がおかしいのである。

## 12 米中対立と台湾

トランプ前政権時代に知的財産侵害と貿易不均衡をめぐり悪化した米中貿易摩擦はバイデン政権下で対立はさらに激化しています。対中規制として中国企業に対する金融制裁の拡大や半導体関係の追加規制などを行うほか、2022（令和４）年12月に成立した国防予算の大枠を決める国防授権法ではインド太平洋地域の米軍体制強化のための基金に115億ドルを計上。同法には台湾の武器調達や軍事援助に５年間で最大100億ドルの支援を行うなどの台湾強化回復法も含まれています。

一方の中国は習近平国家主席が2022（令和４）年10月の党大会で総書記に、2023（令和５）年３月の全人代で国家主席と中央軍事委員会主席に３選を果たして３期目体制を本格的に開始。全人代では前年比7.2％増の１兆5537億元（約30兆5500億円）の国防費も示されました。４月の蔡英文総統の訪米後には台湾周辺で大規模な軍事演習を行うなど、台湾の周辺軍事活動を常態化。９月の国連総会でも中国代表は台湾への関与を強める米国などをけん制しており、緊張状態がさらに高まっています。

きじのひとこと
喜治の一言
「台湾有事は日本有事であり沖縄有事である」とは齋藤健法務大臣の言葉。万が一の場合は日本における米軍の拠点は沖縄の基地である。当然、そこは中国側の攻撃の対象になるだろう。沖縄県民の安全第一に考えるとどうなるのだろうか。

## 13 グローバル・サウス諸国

グローバル・サウスとは、アフリカやラテンアメリカ、アジア、中東などの新興国・途上国の総称で、南半球を中心としていることからそのように呼ばれています。それに対して北半球に多い先進国をグローバル・ノースと呼ぶこともあります。先進国と中国・ロシアなどが対立する中でグローバル・サウスが存在感を高めています。自国の経済的な利益や安全を確保するために行動する国も目立ち、いかに協調を図っていくかが課題となっています。2023（令和５）年５月のG７広島サミットでもグローバル・サウスへの関与の強化が重要な議題となりました。

一方、グローバル・サウスはウクライナ侵攻後の食料・エネルギー危機で困難な状況に直面している国も多くなっています。2023（令和５）年９月、グローバル・サウス諸国が参加する国連のグループG77と中国による首脳会合を開催。欧米などが主導してきた国際秩序は不公正で途上国が直面する課題は深刻化しているとし、是正を求める声明を採択しました。

きじのひとこと
喜治の一言

グローバル・サウスという用語が使われるとき、先進国を自認する国々の都合で物事が語られているように感じる。それぞれの国がそれぞれの歴史を持ち、考えを持つことを尊重することが必要である。

## 14 北朝鮮のミサイル発射と核開発

2018（平成30）年6月の米朝首脳会談で、北朝鮮は朝鮮半島の完全な非核化と核実験やICBM級ミサイル発射実験の中止を表明しましたが、2019（平成31）年２月の２回目の米朝首脳会談決裂後、再び頻繁に発射実験を行うようになりました。2022（令和４）年以降、特に発射が増加しており、防衛省によると少なくとも2022（令和４）年に31回、2023（令和５）年11月現在では15回発射しています。短距離弾道ミサイルに加え、極超音速ミサイルやICBM級ミサイル、潜水艦発射型弾道ミサイル（SLBM）など種類を増やし、日本のEEZ（排他的経済水域）内に落下したものもあります。核兵器の小型化・弾頭化も実現していると見られています。

2023（令和５）年９月13日、プーチン大統領と金正恩総書記がロシア極東の宇宙基地で会談を行い、プーチン大統領は北朝鮮の人工衛星計画の支持を表明。両国が軍事的な連携を強める姿勢を強調することで、北朝鮮はミサイル・核開発をめぐる制裁や圧力を弱めようとしているとの見方があり、警戒が一段と高まっています。

きじのひとこと
喜治の一言

このような状況のなか、日本ではＪアラートはミス続き。地上から弾道ミサイルを迎え撃つ地対空誘導弾ペトリオットミサイルPAC-3の訓練はたまにしか聞かない。秘密兵器として隠し、露出を避けているのなら納得だが。

## 15 気候変動と世界各地の異常気象

2023（令和５）年９月、気象庁は６～８月の日本の平均気温は1898年の統計開始以降で最も高くなったと発表。グテーレス国連事務総長はWMO（世界気象機関）のプレスリリースで気候の崩壊が始まっており、最悪の混乱を避けるために一刻の猶予もないと訴えました。

近年、世界各地で異常気象が起きており、2023（令和５）年も高温（熱波）や多雨、それに伴う森林火災や洪水などが頻発。日本でも梅雨期には各地で線状降水帯が発生し、平年の月降水量の２倍を超える地点もありました。2023（令和５）年３月に公表された「気候変動に関する政府間パネル（IPCC）第６次評価報告書統合報告書」では世界平均気温は2011（平成23）年～2020（令和２）年にすでに1.1℃上昇して大気、海洋、雪氷圏、生物圏に広範かつ急速な変化が起こっており、この極端な気象現象は人間の活動の影響と結論づけています。そして、持続可能な将来を確保するためには、この10年の温室効果ガス排出削減などに対策によって決まるとしています。

きじのひとこと
喜治の一言

異常な暑さ、頻繁に起こる豪雨災害。はっきりとわかる激しい変化がある。地球を壊さないために、私たちの生活を激変させるべきではないのか。それほどの問題ではないのか。日常があまり変わらないので不思議である。

## 16 電力ひっ迫と原発再稼働の動き

2022（令和４）年５月、電力需給ひっ迫注意報と電力ひっ迫準備情報が新設されました。電力需給のひっ迫から2022（令和４）年に続き、2023（令和５）年にも夏場（７月～８月末）に節電要請が出されました。電力ひっ迫の背景には、再生可能エネルギーの導入拡大の影響による火力発電所の減少や原子力発電所の再稼働が進まないこと、エネルギー価格の高騰などが要因としてあります。

電力の安定供給をはかるべく、岸田文雄首相は稼働済みの原発10基に加え、2023（令和５）年夏以降、追加で７基の再稼働を目指す方針を表明しました。また、2023（令和５）年５月、脱炭素電源の利用促進と電気の安定供給確保の目的で再生可能エネルギーの導入促進と原発活用を柱とするGX脱炭素電源法が成立しました。原発活用では高経年化して劣化した原発などへの規制は厳格化された一方で、原発を安全審査などで停止していた期間を除いて実質60年超運転できるようにすることなどが定められました。

きじのひとこと
喜治の一言

電力不足を補うために化石燃料に代替する原発が必要だという。原発爆発事故を起こした日本が、60年とされていた耐用年数を超えて再稼働をするようだ。決めてあったルールを都合よく変えるのは大変危険である。

# 17 日銀植田総裁体制

2023（令和５）年４月、植田和男氏が第32代日銀総裁に就任しました。植田総裁は1998（平成10）年から2005（平成17）年まで日銀政策委員会の審議委員は務めていましたが、マクロ経済学や金融論を専門とする東京大学名誉教授でもあり、経済学者が日銀総裁に選出されたのは初のことです。就任にあたり植田総裁は、２期10年にわたる黒田東彦前総裁の推し進めた金融緩和策を物価安定の目標の、持続的・安定的な実現を目指して継続すると表明し、出口戦略が注目されていました。

2023（令和５）年７月、日銀は金融政策決定会合で、金融緩和策を続けるとしたうえで、長短金利操作（YCC：イールドカーブ・コントロール）の運用化を柔軟化する方針を決定。これまで0.5％程度としてきた長期金利の変動幅の上限を、１％を超えては上昇しないように抑制しながら市場の動向に応じて0.5％を超えることも容認するとしました。植田総裁は経済・物価をめぐる不確実性が高い中でリスク対応を考え、２％の物価安定の目標を持続的・安定的に実現するための措置であるとしています。

喜治《きじ》の一言《ひとこと》

財務省と日本銀行のOBが交互に就任していた日本銀行総裁ポスト。今回は日本銀行の順番だったようだが固辞されたという。長く続く金融緩和策後の出口戦略が見えず、難しいので学者に「毒杯」を回したとも言われた。

# 18 LGBT理解増進法

2023（令和５）年６月、LGBTへの理解を増進する施策の推進に関する基本理念を定め、基本計画をつくることなどを定めるLGBT理解増進法が成立しました。同法では「すべての国民が性的指向やジェンダーアイデンティティにかかわらず尊重されるもの」とし、不当な差別はあってはならないとしています。同法をめぐっては、2021（令和３）年に超党派の議員が法案をまとめましたが国会への提出には至っておらず、今回も与党内の保守派の一部などに反対する声が根強くありました。

LGBTをめぐる動きとしては、2023（令和５）年７月に経済産業省のトランスジェンダーの職員が職場の女性用トイレの使用制限を不当として国を訴えた裁判で、最高裁が国の対応を違法とする判決を下しました。また、同性婚が認められていないのは憲法に違反するとして2019年（平成31）年に全国５カ所で起こされた訴訟では違憲・違憲状態とした札幌・名古屋・東京・福岡に対して、大阪では合憲と地裁の判決は分かれていますが、いずれも立法による措置を国にうながす形となっています。

喜治《きじ》の一言《ひとこと》

同性婚が認められていないのは、憲法違反とした裁判官もいる。この論理からすると、憲法に違反しないためには同性婚を認める以外はないということになるのだろうか。

## 19 進む高齢社会

2023（令和５）年９月、敬老の日にちなんだ総務省の発表によると、65歳以上の高齢者人口は3623万人となり、総人口に占める割合は29.1％と過去最多を更新。うち75歳以上の後期高齢者は2005万人で、初めて2000万人を超えました。国立社会保障・人口問題研究所の推計では2045（令和26）年には36.3％が高齢者になると見込まれています。直近では、2025（令和7）年には1947（昭和22）年～1949（昭和24）年のいわゆる団塊世代の生まれがすべて後期高齢者となり、介護・医療、年金などの増大や労働力が不足するなどの2025年問題が懸念されています。

後期高齢者になると要介護認定率が高まるとされ、中でも治療や介護に負担がかかる認知症は厚生労働省によると2025（令和７）年には患者数が約700万人に達すると予測されています。2023（令和５）年８月、厚生労働省の専門部会はエーザイなどが共同開発したアルツハイマー病の治療新薬「レカネマブ」の使用を承認。認知機能と日常生活機能の低下を遅らせる治療薬の国内での承認は初で、期待されています。

**喜治の一言《きじのひとこと》**　医学の発展により薬が次々に開発される。認知症に効く薬もできるようで素晴らしいことである。他方で、人間という動物が種として生存を続けていくための「寿命」についての研究も必要であると思う。

## 20 SDGs達成度、日本は21位

SDGs（Sustainable Development Goals：持続可能な開発目標）とは、2015（平成27）年9月の国連サミットで採択された「持続可能な開発のための2030アジェンダ」に掲げられた2030（令和12）年までに持続可能でよりよい世界を目指す国際目標です。社会面、経済、環境など世界が直面する17の目標で構成され、目標ごとに達成度合いを測る指標が設けられています。SDGsの達成度・進捗状況に関する2023（令和5）年の国際レポートでは、166カ国中21位でした（前年より２位下落）。ジェンダーなどの主要課題は改善されず、経済成長などの達成度が下がりました。

**17の目標の日本の達成度（2023年）**

| | | | | | | | | | | | |
|---|---|---|---|---|---|---|---|---|---|---|---|
| 1 | 貧困 | ● | 6 | 水・衛生 | ● | 11 | 持続可能な都市 | ● | 16 | 平和 | ● |
| 2 | 飢餓 | △ | 7 | エネルギー | △ | 12 | 持続可能な消費と生産 | △ | 17 | 実施手段 | △ |
| 3 | 保健 | ● | 8 | 経済成長と雇用 | △ | 13 | 気候変動 | × | ○目標達成、●課題が残っている、△重要な課題が残っている、×主要な課題が残っている | | |
| 4 | 教育 | ○ | 9 | インフラ、産業化、イノベーション | ○ | 14 | 海洋資源 | × | | | |
| 5 | ジェンダー | × | 10 | 不平等 | △ | 15 | 陸上資源 | × | | | |

**喜治の一言《きじのひとこと》**　目標を立て、それに向けて努力することは重要なことである。しかし、どの国にも歴史や伝統がある。多様性を認め合うというのであれば、一つの価値観を押し付けることになっていないかという視点も重要である。

## 21 インバウンドの回復

2019（令和元）年には年間約3188万人まで増加していた訪日外国人旅行者（インバウンド）は、新型コロナウイルスの影響で2021（令和３）年には約25万人まで落ち込みました。

政府は水際対策終了による回復を見据えて2023（令和５）年３月、①持続可能な観光地域づくり戦略、②インバウンド回復戦略、③国内交流拡大戦略、を基本的な方針とする新たな観光立国推進基本計画を閣議決定しました。2025（令和７）年までの目標として、①では持続可能な観光地域づくりに取り組む地域を100地域にする、②ではインバウンドと日本人の海外旅行者数を2019（令和元）年の水準超えにするとともに、インバウンドの旅行消費額を５兆円とする（早期）ことや１人当たりの消費額を20万円にすることなどが盛り込まれています。また、同月、観光庁は地方の観光地に高付加価値旅行者（１人当たり100万円以上を消費する富裕層）を呼び込むために集中的な支援を行うモデル観光地に全国11の地域を選定しています。

きじのひとこと
喜治の一言

観光客が急激に増加することで地域住民の生活に支障が出るオーバーツーリズムという言葉も知っておこう。江ノ電「鎌倉高校前1号踏切」には観光客が殺到し、通学・通勤客が電車に乗れない自体が生じている。

## 22 世界中が直面する核の脅威

ロシアの侵攻以降、ウクライナの原子力発電所が安全面の危険にさらされ、ロシアが核兵器使用も辞さない姿勢の中で開催された2022（令和４）年の核拡散防止条約（NPT）再検討会議は、最終文書が採択できないまま閉幕しました。2023（令和５）年２月にはプーチン大統領が米露間で唯一の核兵器軍縮条約である新戦略兵器削減条約（新START）の履行停止を、３月にはベラルーシがNATOへの対応としてロシアによる戦術核の配備を受け入れると表明しました。また、2022（令和４）年９月に防衛目的で核先制攻撃を行う権限を明文化した法令を採択した北朝鮮や、2023（令和５）年２月に核兵器に転用可能なレベルに近い高濃縮度のウランを確認したとの報告書をIAEAがまとめたイランなど、ロシア以外の国による核への脅威も進んでいます。

こうした背景の中、2023（令和５）年５月のG7広島サミットでは核軍縮に関するG7首脳広島ビジョンの声明で、核による威嚇を行う国への非難や核戦力を増強する国への懸念を示し、核兵器のない世界の実現に向けた決意を再確認しています。

きじのひとこと
喜治の一言

核はもちろんではあるが、どんなに小さなライフルでも手榴弾でもミサイル搭載のドローンでも人を殺害する。核軍縮も必要であるが、もっと根源的な戦争による殺し合いをやめること自体を真剣に考えたい。

## 23 第2次岸田第2次改造内閣発足

2023（令和５）年９月13日、岸田文雄首相は内閣改造を行い、皇居での認証式を経て、第２次岸田改造内閣が発足しました。松野博一官房長や河野太郎デジタル相など５人が前内閣から留任されましたが、19人の閣僚中11人が初入閣で顔ぶれが大幅に刷新されました。また、女性は上川陽子外務相をはじめ５人が入閣し、過去最多に並びました。同日には副総裁や幹事長などの留任と小渕優子氏を選対委員長に起用する自民党役員人事も発表されています。

岸田首相は改造内閣発足後の記者会見で、この内閣は「変化を力にする内閣」であり、経済、社会、外交・安全保障の３つの政策の柱に強固な実行力を持った閣僚を起用したと表明。経済対策については、物価高に負けない構造的な賃上げや人口減少を乗り込えるための社会変革などを取りまとめていくとしました。また、外交・安全保障については、G7や日米豪印クアッド（QUAD）などの枠組みを活用して、法の支配に基づく自由で開かれた国際秩序の強化に向けた取り組みをしていくとしています。

きじのひとこと
喜治の一言

大臣に５人の女性が入閣した一方で、副大臣・政務官54人が全員男性だった。これを男女差別と考えるか、そもそもジェンダーフリーなら男性も女性もないのだから男女差を数えること自体無意味と考えるか。

## 24 出入国管理法（入管法）改正

2023（令和５）年６月、出入国管理及び難民認定法の改正案（入管法）が成立しました。同法の改正案は2021（令和３）年にも国会で議論されました。背景には許可された在留期間を超えて不法滞在する外国人が増加し、収容長期化が問題となっていたことがあります。収容長期化の一番の要因は従来の入管法では難民認定手続中は国外への強制退去が行えないことでした。そのため、改正案では監理措置を設けて収容長期化を防ぐ一方で、何度でも繰り返すことができていた難民申請を３回以上には原則適用せず、退去拒否に罰則を設けるとしました。しかし、この改正案に人権団体や国連の作業部会などが人権上の懸念を表明。2021（令和３）年３月にスリランカ人の女性が収容施設内で亡くなった件での対応も問題となったことで、廃案となりました。

2023（令和５）年に成立した改正法は３カ月ごとに収容の要否を必要的に見直すなどとしていますが、2021（令和３）年の改正案をほぼ引き継ぐ内容で、日弁連や人権団体などからは懸念や独立した難民認定機関の設置を求める意見が出ています。

きじのひとこと
喜治の一言

目の前の人の人権を守ることと同時に日本国民の安全を守ることの両方を考えなければならない。究極のところで衝突があるとすれば日本国民を守るべきと思う。実際に起きている現実を把握して議論をすべきである。

# 25 関東大震災から100年

2023（令和５）年９月１日、関東大震災発生から100年を迎えました。1923（大正12）年に相模湾北西部を震源に発生した関東大震災では多くの火災が発生し、焼失面積は約4500ヘクタールに及びました。その後、帝都復興計画に基づき土地区画整理事業が実施され、幹線道路の拡張や隅田川の橋梁整備などが進められました。また、1924（大正13）年の市街地建築物法施行規則で構造強度規定が改正され、世界で初めて法令による地震力の規定が制定されました。関東大震災は地震の科学的な追求と地震防災に関わる研究の重要性を認識させ、今日の地震防災対策の基礎となっています。

| | 関東大震災<br>（1923年９月１日） | 阪神・淡路大震災<br>（1995年１月17日） | 東日本大震災<br>（2011年３月11日） |
|---|---|---|---|
| 地震規模 | マグニチュード7.9 | マグニチュード7.3 | モーメントマグニチュード9.0 |
| 直接死・行方不明 | 約10万5000人<br>（うち約９割焼死） | 約5500人<br>（うち窒息・圧死約７割） | 約１万8000人<br>（うち溺死約９割） |
| 全壊・全焼住宅 | 約29万棟 | 約11万棟 | 約12万棟 |

**喜治の一言《きじのひとこと》**

いずれ関東に同じクラスの地震が来るだろうという前提でいろいろな対策をしているが、一極集中は進むばかり。本当に地震が起これば首都は壊滅的になるだろう。わかっていてもそれを前提で動くことはできない。

# 26 不正寄附勧誘防止法の制定（旧統一教会被害者救済法）

2022（令和４）年12月、不正寄附勧誘防止法が成立し、2023（令和５）年６月１日に全面施行されました。同法は、①寄附勧誘を行う法人等への規制、②不当な勧誘で寄附した人やその家族の救済、を柱に構成されています。①では不退去や退去妨害、霊感などで不安をあおる（霊感商法）などの６つの不当な寄附勧誘行為を禁止。借金させたり住居など資産を売却したりして寄附資金の調達を要求することも禁止されています。②では不当な寄附勧誘行為により困惑して寄附の意思表示をした場合には取り消すことができ、取り消しは寄附者の家族からもできるように規定されています。

同法は2022（令和４）年７月の安倍晋三元首相銃撃・死亡事件後に世界平和統一家庭連合（旧統一教会）による被害者の問題がクローズアップされたことで、その救済を目的に成立しました。なお、旧統一教会については文部科学省が７回にわたり報告徴収・質問権を行使してきました。しかし、回答が不十分であることから2023（令和５）年10月、文部科学省は東京地方裁判所に解散命令を請求しました。

**喜治の一言《きじのひとこと》**

この法律でひどい勧誘で財産を巻き上げられ、結果家族が崩壊することを防げるのはよかった。しかし、元・内閣総理大臣が凶弾に倒れなければ、知っていても何も手をつけなかったとは、なんということだろう。

## 27 藤井聡太、史上初の八冠獲得

2023（令和５）年６月、将棋の名人戦で藤井聡太竜王が渡辺明名人を破り20歳10カ月でタイトルを獲得し、谷川浩司十七世名人の樹立した名人の最年少記録（21歳2カ月）を約40年ぶりに更新しました。これによりタイトルの七冠を達成し、羽生善治九段の保持していた七冠の最年少記録（25歳4カ月）も更新しました。七冠達成者はこれまで羽生九段一人のみでした。藤井七冠は2016（平成28）年10月に史上最年少での四段昇段（プロ入り）以来、数々の記録を樹立。2021（令和３）年７月に九段に昇段、2022（令和４）年３月には最上位クラスのA級への昇格も果たしました。

そして、2023（令和５）年10月、八冠達成をかけて挑んだ王座戦で永瀬拓矢王座に３勝１敗で勝利し、史上初となる八冠を21歳２カ月で達成しました。

**将棋の8大タイトル**

| タイトル | 竜王 | 名人 | 王位 | 王座 | 棋王 | 叡王 | 王将 | 棋聖 |
|---|---|---|---|---|---|---|---|---|
| 番数 | 七番 | 七番 | 七番 | 五番 | 五番 | 五番 | 七番 | 五番 |

きじのひとこと 喜治の一言

藤井聡太さんは大変な逸材、天才である。しかし、対戦する多くの棋士たちもまた素晴らしい。どの世界でも必死に頑張る人がたくさんいる。どんな世界でも頑張ることが重要である。

## 28 世界的なスポーツイベントでの日本の活躍

2023（令和５）年３月、第５回ワールド・ベースボール・クラシック（WBC）の決勝戦で日本代表（侍ジャパン）が米国を下し、３大会ぶり３回目の優勝を果たしました。WBCは米国のメジャーリーグ機構と選手会が開催する野球の国別対抗戦で2006（平成18）年に第１回大会が開催され、第１回、第２回と日本が優勝。大谷翔平選手をはじめとするメジャーリーガーや日本野球界からも村上宗隆選手など精鋭を揃えた今大会は７戦全勝で優勝し、大谷選手が大会MVPに選ばれました。

2023（令和５）年９月にはバスケットボール・ワールドカップで、男子日本代表チームがアジア1位の成績を収め、2024（令和６）年のパリオリンピックへの出場権を獲得しました。男子バスケットボールの自力でのオリンピック出場は48年ぶりです。

また、2023（令和５）年８月にハンガリー・ブダペストで行われた陸上の世界選手権、女子やり投げでは北口榛花選手が66m73を投げて、日本人選手としては初めてとなる金メダルを獲得しました。

きじのひとこと 喜治の一言

WBC準決勝メキシコ戦で、１点を追う最終回。大谷選手が二塁打を放ち、野球帽を投げ捨て、日本ベンチに向かって「続け、続け」とばかりに雄叫びをあげる姿が忘れられない。必死になる姿は素晴らしい。

■著者
**喜治賢次**（きじけんじ）
慶應義塾大学法学部法律学科卒業後、公務員として新宿区役所（東京）、住宅・都市整備公団、内閣府などに勤務。1999年に、東京・新宿区に公務員専門の塾「喜治塾」を創立。論文作成の指導では、「論理的に書く技術の修得」「考える訓練」「表現する訓練」に分けて指導をする。「合格」にこだわる指導に定評があり、都庁、県庁、特別区をはじめ国家総合職（法律）、外務省専門職員、国家一般職などで毎年、多くの合格者を輩出している。この数年は、公務員の経験者採用試験対策にも力を入れている。現職公務員向けの法律研修、政策法務研修の講師を各国各地の自治体で担当している。

『公務員試験専門　喜治塾』
https://www.kijijuku.com
〒169-0075　東京都新宿区高田馬場 3-3-1
ユニオン駅前ビル 5F
TEL　03－3367－0191

■お問い合わせについて
●本書の内容に関するお問い合わせは、**書名・発行年月日を必ず明記**のうえ、文書・ＦＡＸ・メールにて下記にご連絡ください。電話によるお問い合わせは、受け付けておりません。
●本書の内容を超える質問にはお答えできませんので、あらかじめご了承ください。

**本書の正誤情報などについてはこちらからご確認ください。**
**(https://www.shin-sei.co.jp/np/seigo.html)**

●お問い合わせいただく前に上記アドレスのページにて、すでに掲載されている内容かどうかをご確認ください。
●本書に関する質問受付は、2025年９月末までとさせていただきます。

**●文　書：〒110-0016 東京都台東区台東2-24-10（株)新星出版社 読者質問係**
**●ＦＡＸ：03-3831-0902**
**●お問い合わせフォーム：https://www.shin-sei.co.jp/np/contact-form3.html**

落丁･乱丁のあった場合は、送料当社負担でお取替えいたします。当社営業部宛にお送りください。


2026年度版 内定プラス 小論文＆作文
2024年１月25日　　初版発行

著　者　喜　治　賢　次
発行者　富　永　靖　弘
印刷所　今家印刷株式会社

発行所　東京都台東区台東２丁目24　株式会社　**新星出版社**
〒110-0016　☎03(3831)0743



ISBN978-4-405-02761-9